PANTALONS, SHORTS & Cie
pour enfants de 2 à 10 ans

les éditions de saxe

Sommaire

Photo / Explications

※ Leçon en pas à pas filmé

Patron F
Short à volant

F-1
p. 22 et 27 / p. 24
Leçon

F-2
p. 23 / p. 62

Patron G
Jodhpur

G-1
p. 27 et 28 / p. 30
Leçon

G-2
p. 26 et 29 / p. 64

Patron H
Pantalon et bermuda cargo

H-1
p. 32 / p. 66

H-2
p. 32 / p. 35
Leçon

H-3
p. 34 / p. 35 et 66

Patron I
Short évasé

I-1
p. 38 / p. 68

I-2
p. 39 / p. 70

Bases de la couture

Patron A

Pantalon droit

Tailles : 90 à 150
Création : toco

Une coupe ni trop ajustée ni trop ample, pour une silhouette parfaite et une liberté de mouvement totale !

A-1

Pantalon droit avec piqûres simples

Explications : p. 46

A-2

Pantalon droit avec piqûres décoratives

Explications : p. 44

Une version en coton extensible, à fleurs bien sûr, pour les plus romantiques de ces demoiselles.

Grâce à ses poches rabaissées, cet indispensable s'associe à merveille à tous les hauts, même les plus longs.

Et une variation en coton chino uni, ultra confortable, pour mettre en valeur les piqûres décoratives.

Voir p. 26 pour une autre idée de coordination.

Patron B

Bermuda et short

Tailles : 90 à 150
Création : enanna

Un essentiel à orner de piqûres doubles pour une finition soignée.

B-1
Bermuda

Leçon : p. 9

Devant Dos

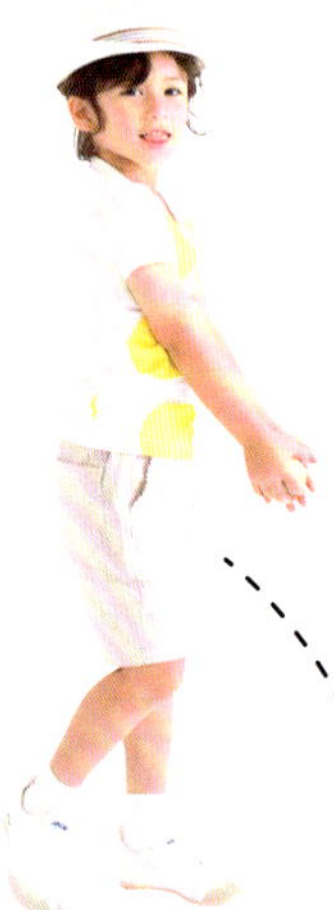

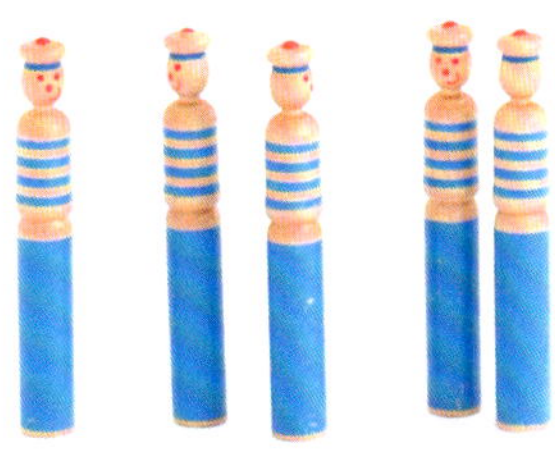

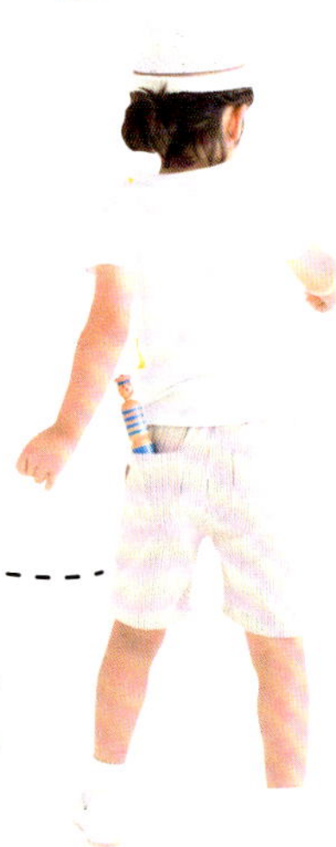

Avec ses poches avant et arrière plaquées, ce modèle est d'une facilité de réalisation déconcertante !

Optez pour un tissu à rayures fines, idéal au printemps comme en été.

Voir p. 26 pour une autre idée de coordination.

Cette variante courte et féminine du bermuda ci-contre est pile dans la tendance du moment avec ses pattes sur les côtés.

B-2
Short

Explications : p. 47

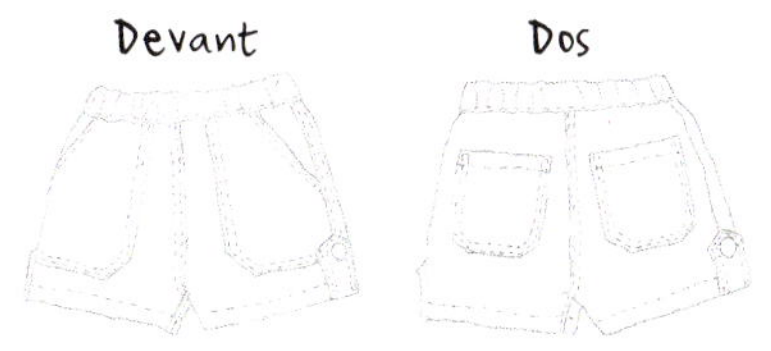

Choisissez de préférence un lin à armure sergée.

Voir p. 27 pour une autre idée de coordination.

Patron B

Bermuda

Tailles : 90 à 150
Création : enanna

Doux au toucher, agréable à porter, assez épais et résistant, le twill utilisé ici cumule les bons points !

B-1'
Bermuda

Leçon : p. 9

※ Modèle de la p. 6 présenté dans un tissu différent.

Misez sur un tissu uni
et des piqûres contrastantes
pour ajouter un petit truc en plus.

Voir p. 26 pour une autre idée de coordination.

Patron : encart face A

Leçon 1

B-1 Bermuda

B-1 → p. 6

B-1' → p. 8

Ce modèle, pourvu de poches plaquées, est à la portée de toutes les couturières, même débutantes.

Fournitures

※ Les mesures correspondent, de gauche à droite, aux tailles 90/100/110/120/130/140/150.

110 x 80/85/85/90/95/100/105 cm de tissu (p. 6 : coton à rayures, p. 8 : twill)
44/46/48,5/51/54/56,5/59,5 cm d'élastique de 2 cm de large
Toile thermocollante

Dimensions

Longueur :
28,5/30,5/33/35,5/38/40,5/43 cm

Plan de coupe

Coton à rayures/twill

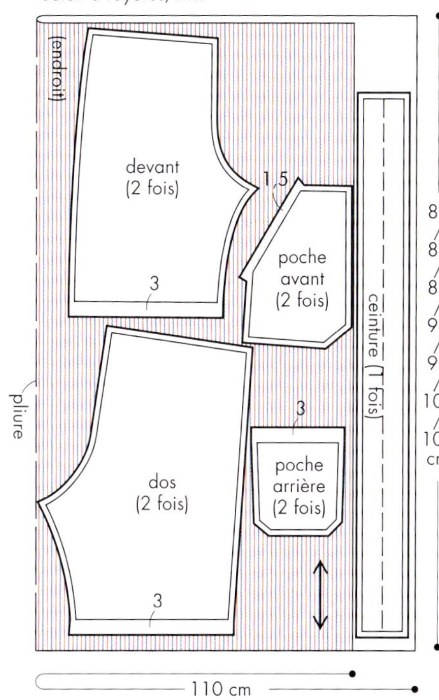

※ Les mesures correspondent, de haut en bas, aux tailles 90/100/110/120/130/140/150.
※ La marge de couture est de 1 cm sauf indication contraire.
※ Fixer la toile thermocollante sur les parties grisées.

1 Couper le tissu.

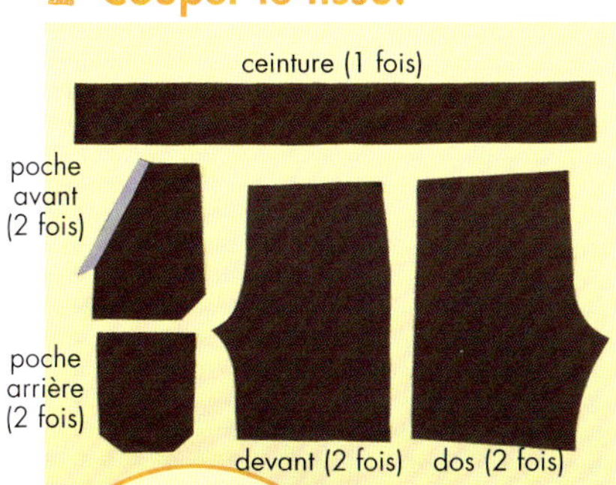

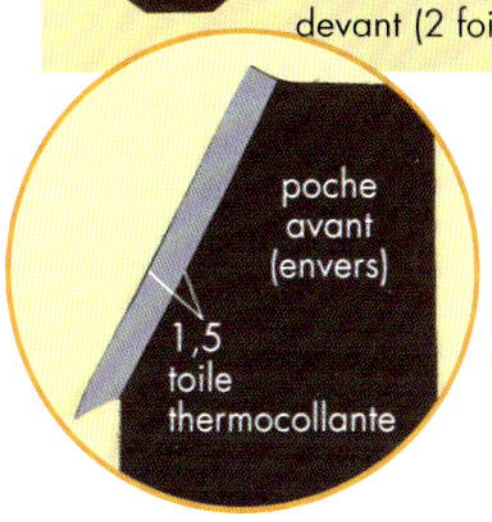

Réaliser les patrons en suivant la p. 42, puis couper le tissu. Fixer la toile thermocollante sur l'ouverture des poches avant.

2 Marquer les repères.

Marquer les repères des poches avant et arrière à l'aide du poinçon.

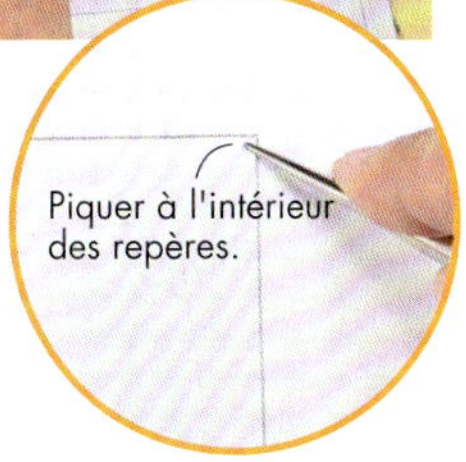

Enlever le patron et marquer à nouveau les repères avec le feutre.

3 Coudre les poches du devant.

1 Surfiler les marges de couture de la poche (sauf sur le côté et la taille).

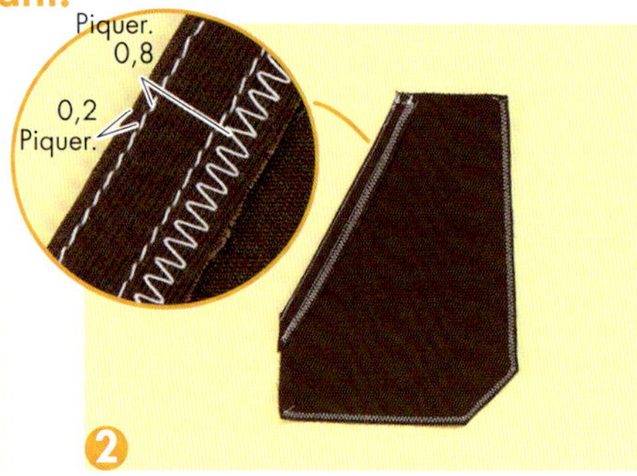

2 Plier la marge de couture de l'ouverture de la poche, puis piquer 2 lignes.

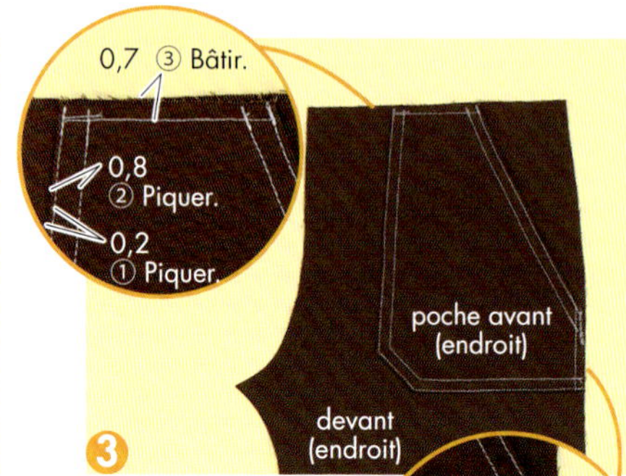

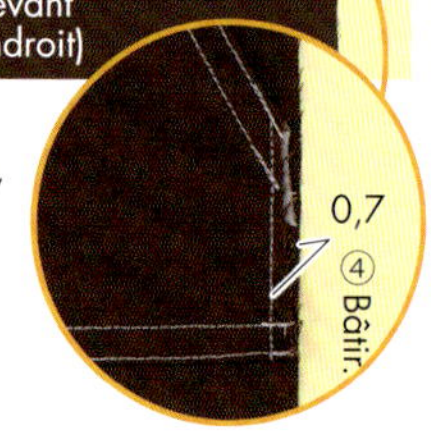

3 Plier les marges de couture surfilées, puis coudre la poche avant sur le devant. Bâtir le côté et la taille.

4 Coudre les poches arrière.

1 Surfiler les marges de couture de la poche arrière (sauf celle de l'ouverture).

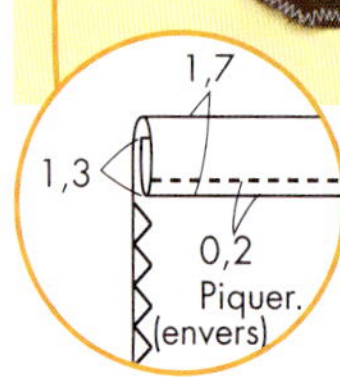

2 Plier l'ouverture de la poche en 3 (1,3 cm, 1,7 cm), puis piquer.

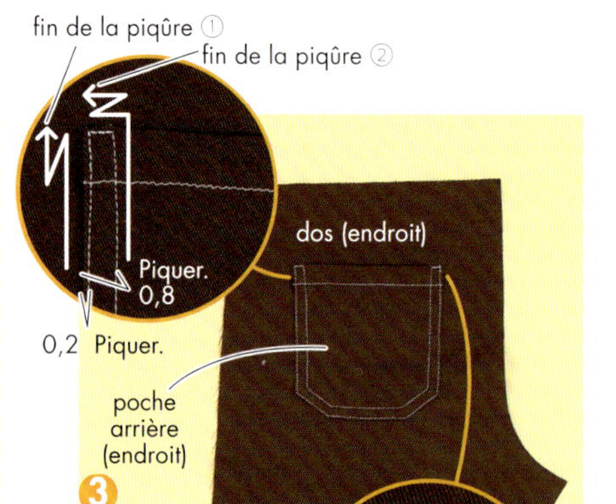

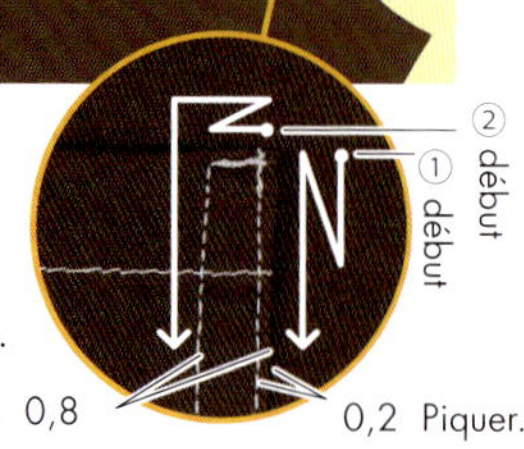

3 Plier les marges de couture surfilées, puis coudre la poche arrière sur le dos.

5 Plier la marge du bas.

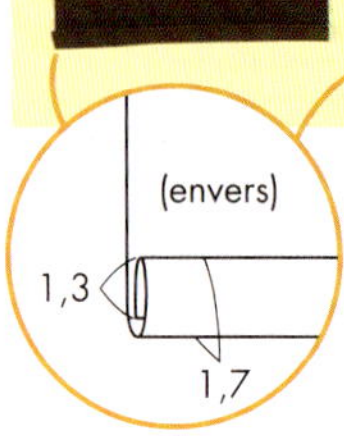

Plier la marge de couture du bas en 3 (1,3 cm, 1,7 cm) pour marquer les pliures.

6 Assembler les côtés.

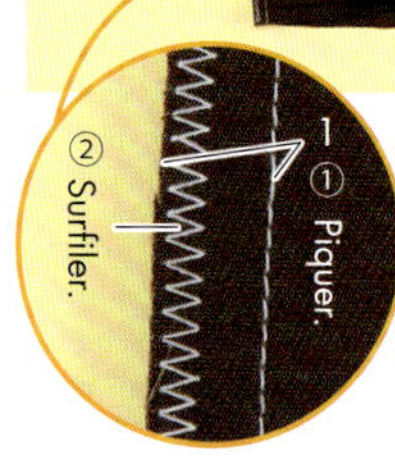

1 Disposer le devant et le dos endroit contre endroit, puis piquer. Surfiler les 2 marges de couture ensemble.

2 Rabattre les marges vers le dos. Piquer 2 lignes sur l'endroit pour fixer les marges. Faire un point d'arrêt en bas de l'ouverture de la poche.

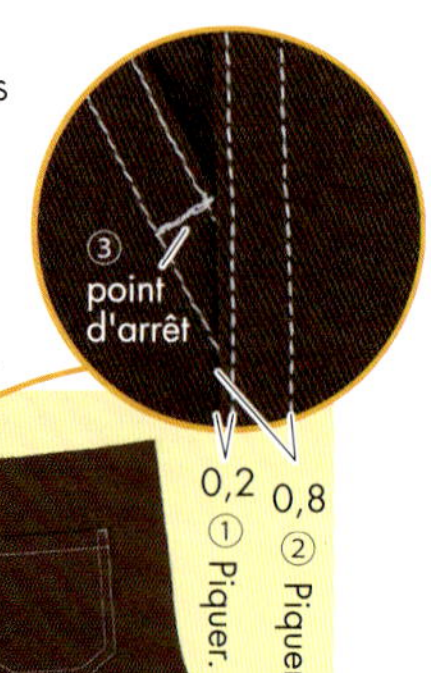

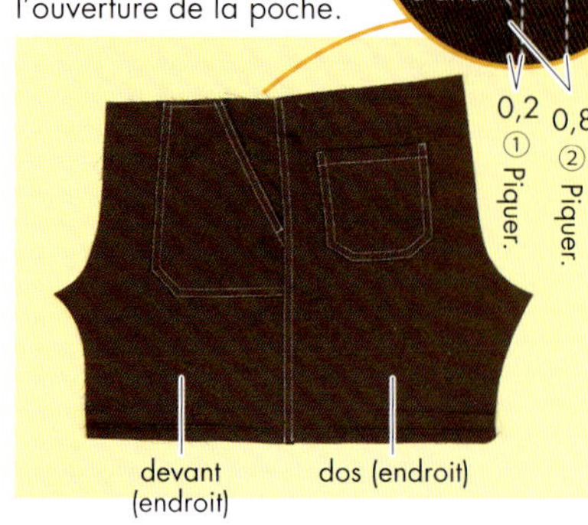

7 Piquer l'entrejambe.

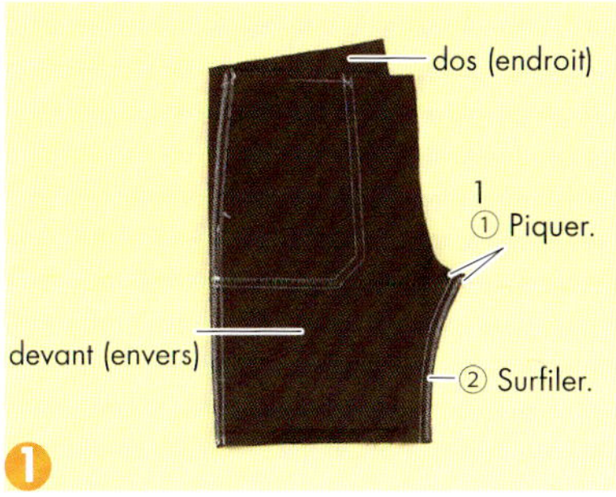

Disposer le devant et le dos endroit contre endroit, puis piquer l'entrejambe. Surfiler les 2 marges de couture ensemble.

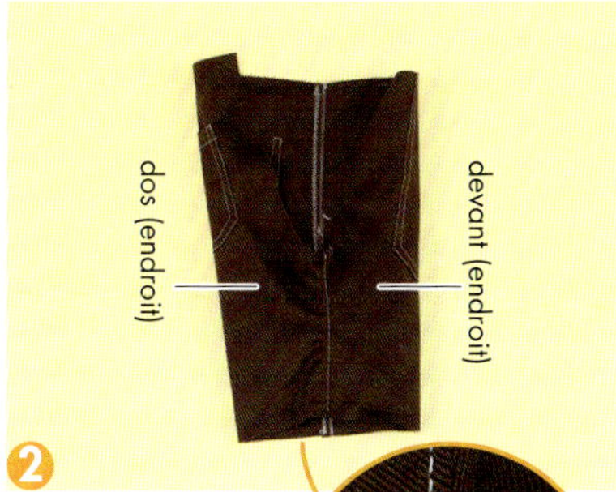

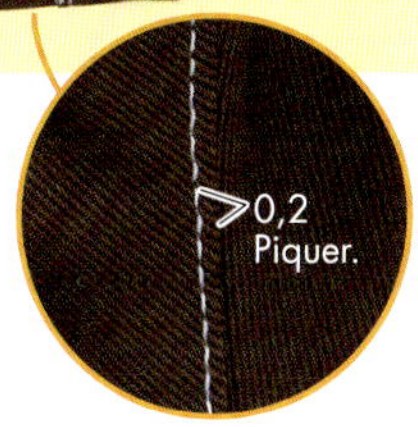

Rabattre les marges vers le dos. Piquer à 0,2 cm de la couture sur l'endroit.

8 Coudre la fourche.

Disposer les jambes droite et gauche endroit contre endroit, puis piquer la fourche.

Rabattre les marges vers la jambe gauche, puis piquer 2 lignes sur l'endroit pour fixer les marges.

9 Coudre la ceinture.

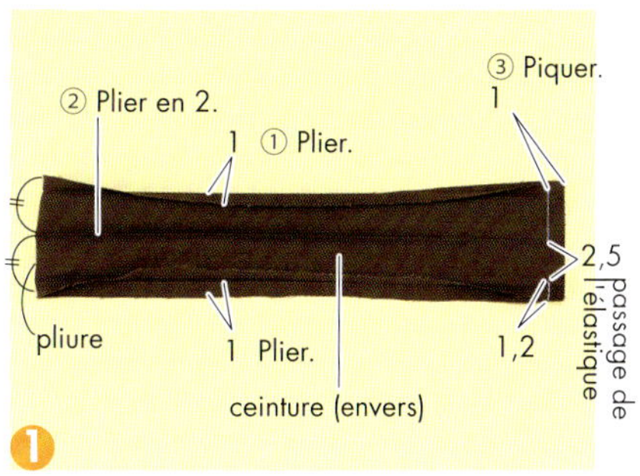

Plier les marges de couture, puis plier la ceinture en 2 pour marquer le milieu. Coudre la ceinture en rond, endroit contre endroit, en laissant le passage de l'élastique.

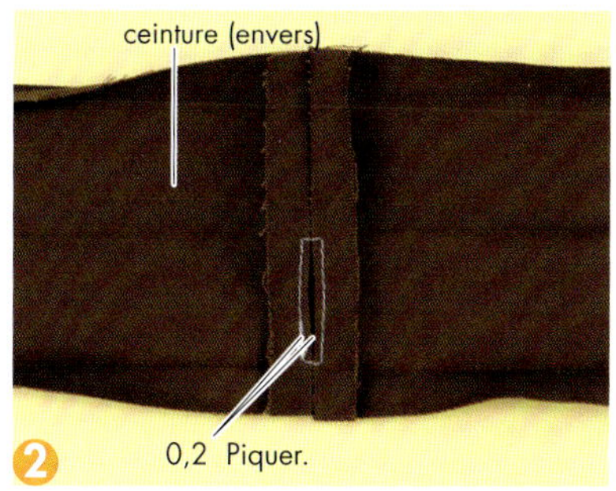

Ouvrir la couture, puis piquer autour du passage de l'élastique.

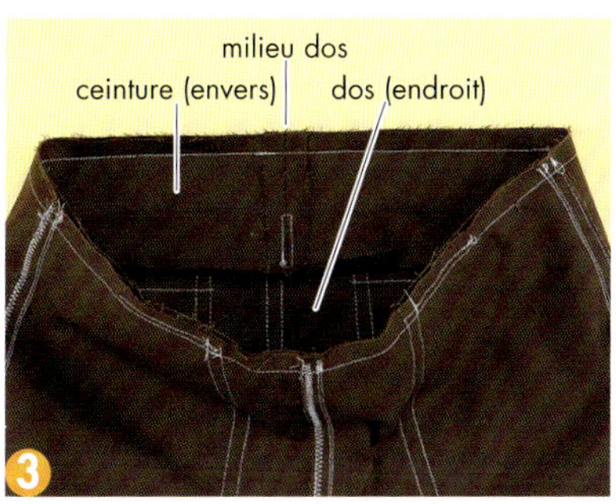

Coudre la ceinture et le pantalon, endroit contre endroit. Faire coïncider le passage de l'élastique et le milieu dos.

Bâtir les côtés, les milieux devant et dos pour éviter tout décalage. Enlever le fil de bâti avant d'insérer l'élastique.

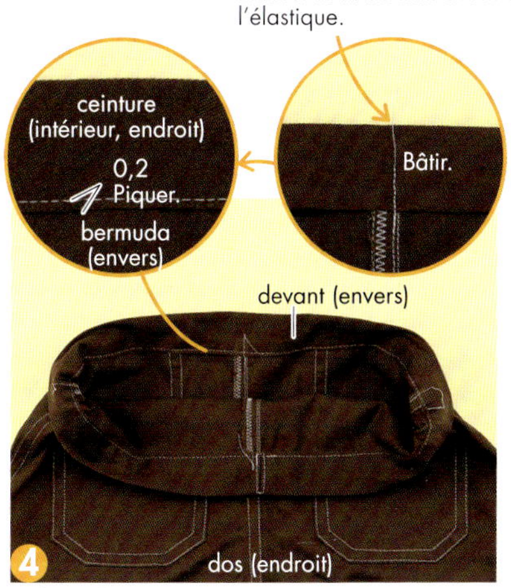

Relever la ceinture, puis recouvrir la couture de l'étape ❸. Piquer le contour de la ceinture.

10 Ourler le bas et insérer l'élastique.

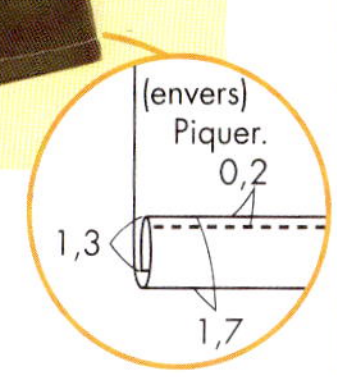

Plier le bas en 3, puis piquer. Insérer l'élastique. Faire chevaucher les extrémités sur 2 cm, puis piquer.

Patron C

Bloomer

Tailles : 90 à 130
Création : inori pattern

Une ligne bouffante délicieusement enfantine... revue et corrigée par de charmants plis sur le devant et le dos.

Des rubans à nouer sur les côtés ? Un ravissant détail dont les fillettes raffolent...

C-1
Bloomer court

Explications : p. 50

Devant Dos

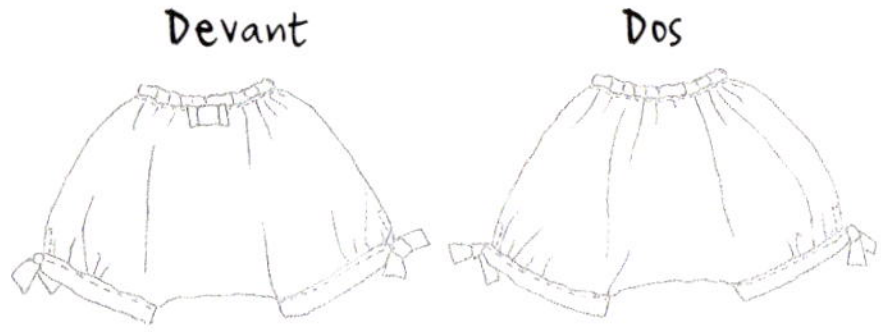

Les poches sont assemblées sur les coutures latérales.

Voir p. 27 pour une autre idée de coordination.

C-2
Bloomer mi-long

Explications : p. 49

Devant

Dos

Puisque la proposition précédente vous a tant plu, pourquoi ne pas l'adapter pour l'automne ?

Rien n'est plus simple : revoyez la longueur à la hausse et élastiquez le bas. C'est tout.

Patron D

Short et bermuda avec ceinture en jersey

Tailles : 90 à 130
Création : Sa-Rah

Cap sur le bien-être !

D-1
Short à carreaux

Explications : p. 52

Devant

Dos

D-2
Bermuda rayé

Explications : p. 55

Devant

Dos

Craquant avec son petit volant, ce short à carreaux fera assurément le bonheur de votre princesse.

La ceinture en jersey (identique pour les deux modèles) offre un confort inégalé.

Votre petit homme ne sera pas en reste grâce à ce bermuda original, doté d'une poche au dos et sur le côté.

Patron D

Pantalon avec ceinture en jersey

Tailles : 90 à 130
Création : Sa-Rah

Un classique du genre, en denim et jersey, revisité par un brin de fantaisie... Les garçons vont adorer !

D-3
Pantalon à genouillères

Leçon : p. 17

Devant Dos

Un pantalon à porter avec le bas roulé, évidemment, pour être en phase avec l'époque.

Simplement superposées et cousues sur le devant, les genouillères apportent un petit air baroudeur irrésistible.

Patron : encart face B

Leçon 2

D-3 Pantalon avec ceinture en jersey à genouillères

Parfaits en termes de confort et de look, denim et jersey s'assemblent en toute facilité, même avec une machine à coudre standard.

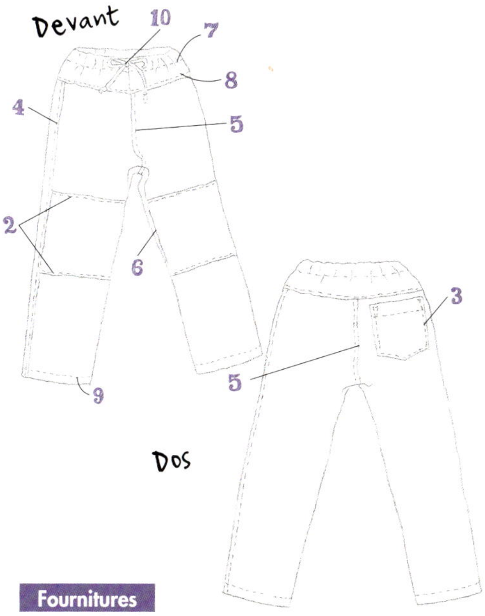

Fournitures

※ Les mesures correspondent, de gauche à droite, aux tailles 90/100/110/120/130.

145 x 60/65/70/75/80 cm de denim bleu foncé
70 x 80/85/90/100/110 cm de jersey matelassé gris
20 x 103 cm de jersey bouclette noir
44/46/48,5/51/54 cm d'élastique de 0,7 cm de large
95/95/100/100/105 cm de cordelette de ø 0,6 cm

Dimensions

Longueur : 57/61/67/73/79 cm

Plans de coupe

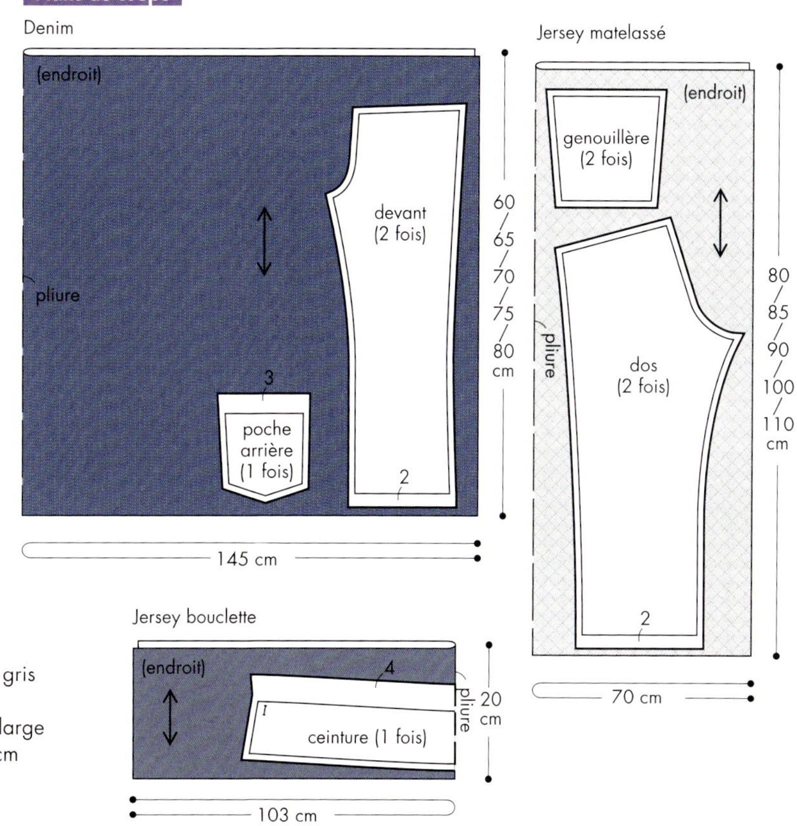

※ Les mesures correspondent, de haut en bas, aux tailles 90/100/110/120/130.
※ La marge de couture est de 1 cm sauf indication contraire.

※ Un fil rouge est utilisé ici pour une meilleure visibilité.

1 Couper les tissus.

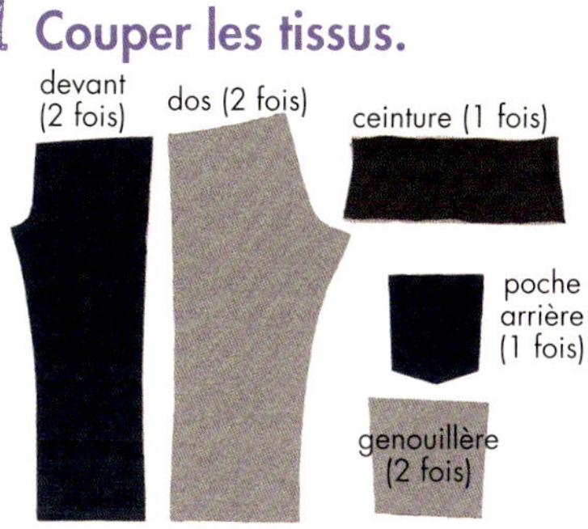

Réaliser les patrons en suivant la p. 42 et couper les tissus.

2 Coudre les genouillères.

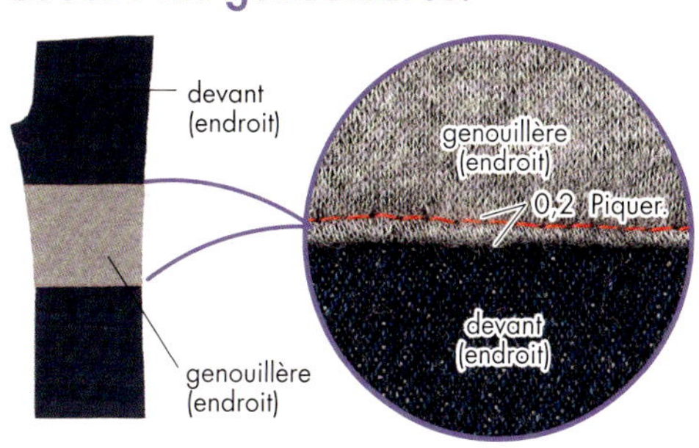

Plier les marges de couture du haut et du bas de la genouillère, puis la coudre sur le devant.

3 Coudre la poche arrière sur le dos droit.

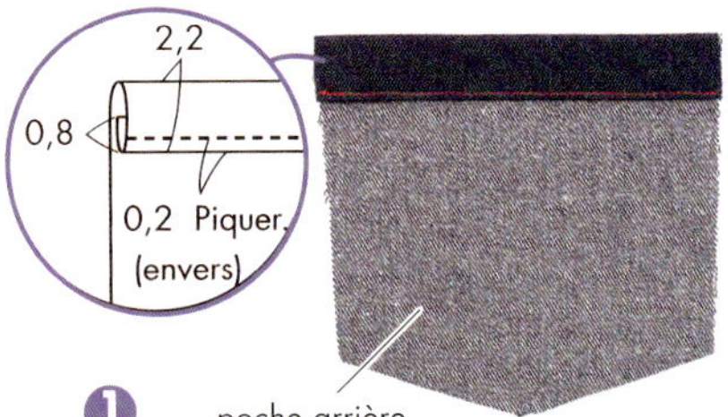

❶ Plier la marge de l'ouverture de la poche en 3 (0,8 cm, 2,2 cm), puis piquer.

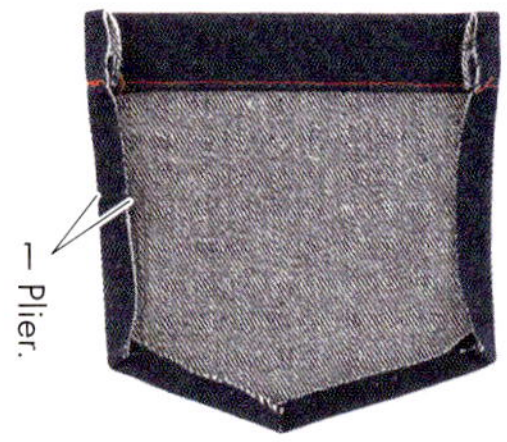

❷ Plier les marges de couture.

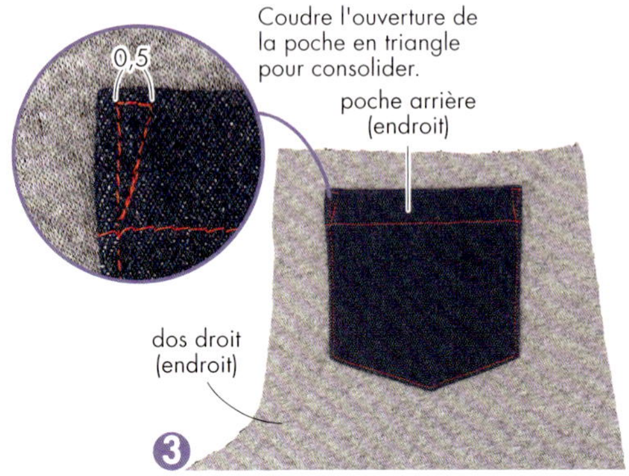

❸ Coudre la poche sur le dos droit.

4 Assembler les côtés.

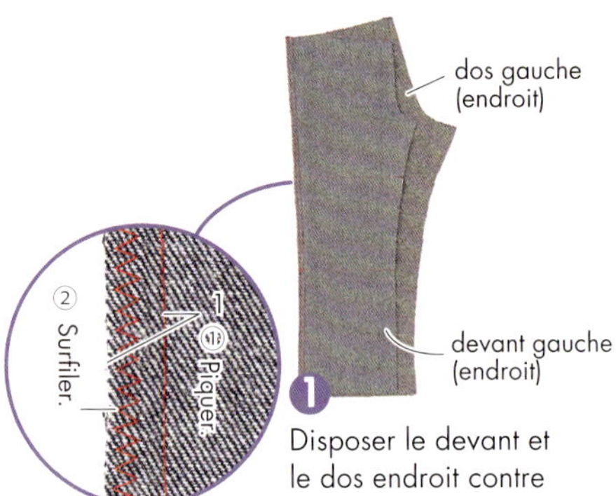

❶ Disposer le devant et le dos endroit contre endroit, puis piquer le côté. Surfiler les 2 marges de couture ensemble.

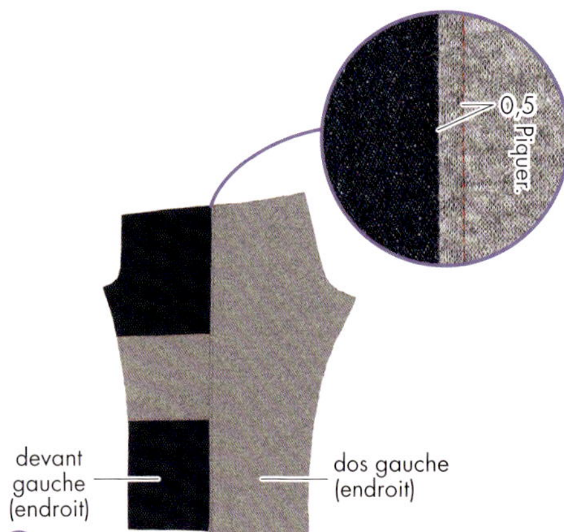

❷ Rabattre les marges vers le dos. Piquer sur l'endroit pour fixer les marges.

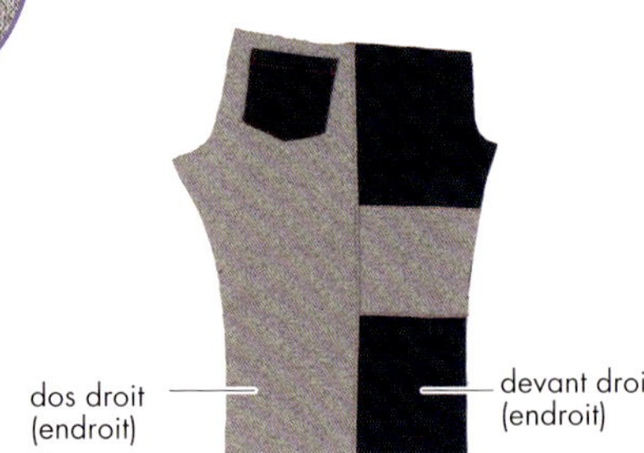

❸ Assembler le devant et le dos droits comme aux étapes ❶ et ❷.

5 Coudre la fourche.

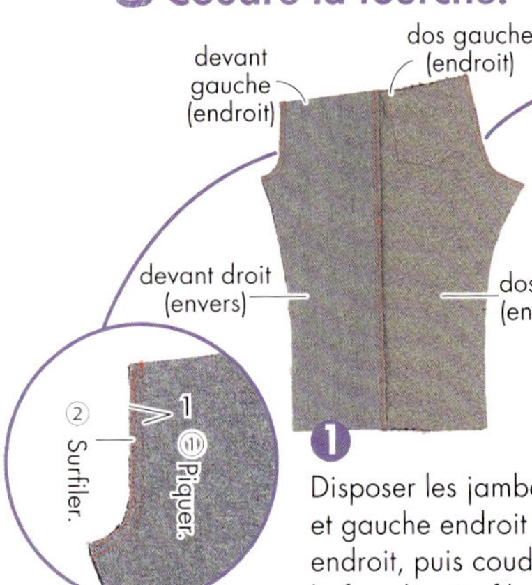

❶ Disposer les jambes droite et gauche endroit contre endroit, puis coudre la fourche. Surfiler les 2 marges de couture ensemble.

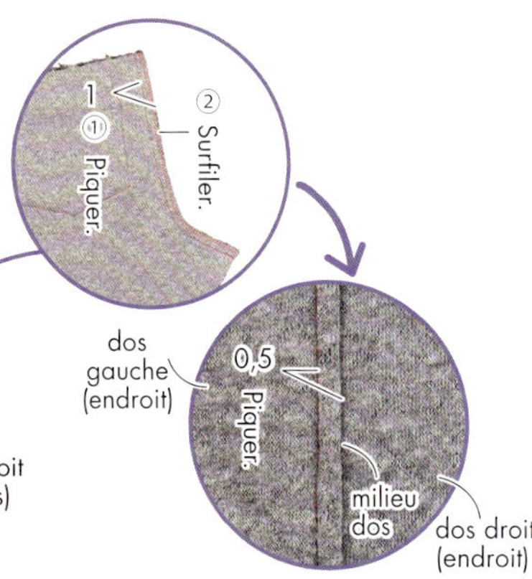

※ Coudre le devant de la même manière.

❷ Rabattre les marges vers la jambe gauche. Piquer sur l'endroit pour fixer les marges.

6 Piquer l'entrejambe.

Disposer le devant et le dos endroit contre endroit, puis piquer l'entrejambe. Surfiler les 2 marges de couture ensemble et les rabattre vers le dos.

7 Réaliser la ceinture.

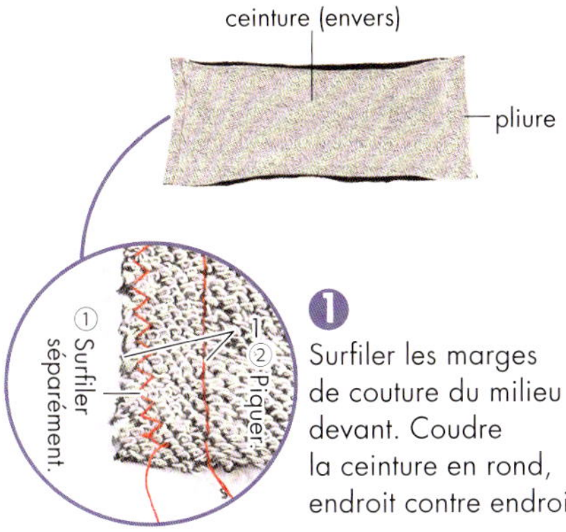

❶ Surfiler les marges de couture du milieu devant. Coudre la ceinture en rond, endroit contre endroit.

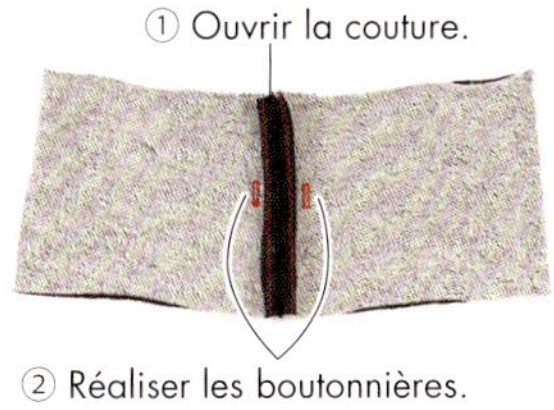

❷ Ouvrir la couture et coudre au point de boutonnière sur les passages de l'élastique.

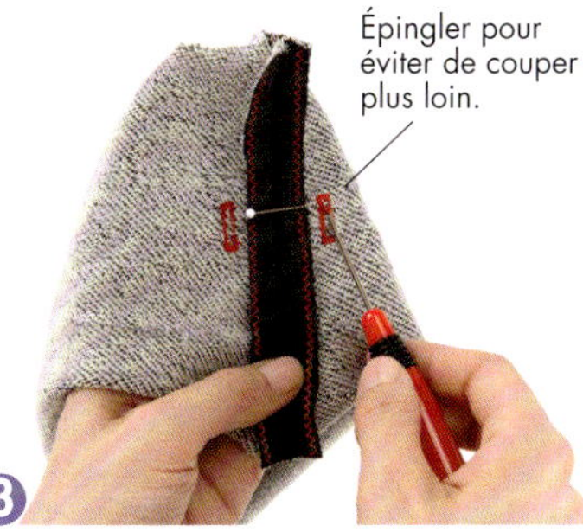

❸ Inciser les passages de l'élastique.

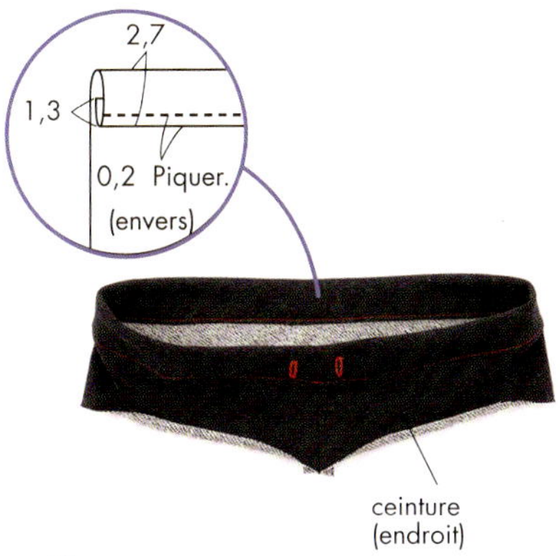

❹ Plier la taille en 3 (1,3 cm, 2,7 cm), puis piquer.

8 Assembler le pantalon et la ceinture.

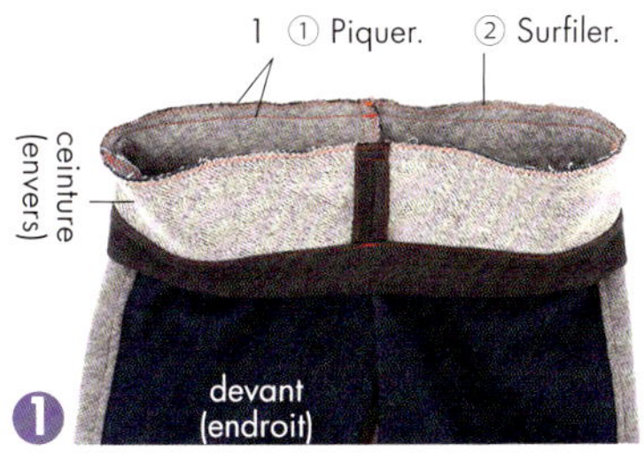

❶ Coudre la ceinture et le pantalon, endroit contre endroit. (Disposer les passages de l'élastique vers le milieu devant.)

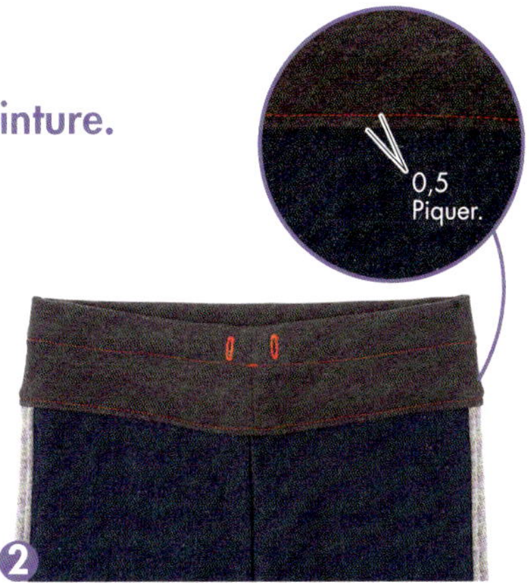

❷ Relever la ceinture et rabattre les marges vers elle. Piquer sur l'endroit pour fixer les marges.

9 Ourler le bas.

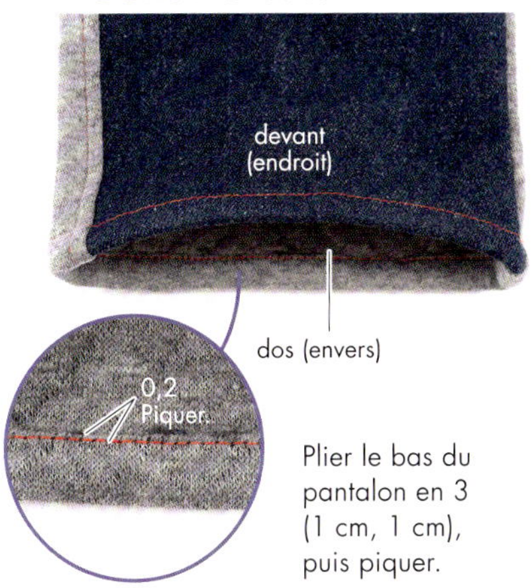

Plier le bas du pantalon en 3 (1 cm, 1 cm), puis piquer.

10 Insérer l'élastique et la cordelette.

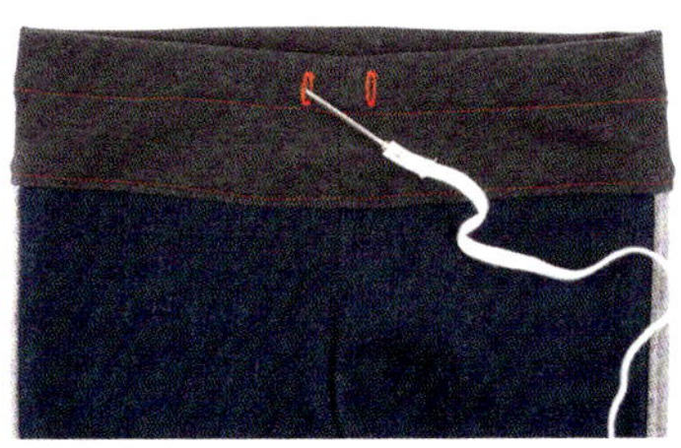

Insérer l'élastique dans la ceinture, puis nouer les extrémités. Insérer également la cordelette et nouer chaque extrémité.

Patron E

Pantalon à empiècement

Tailles : 90 à 130
Création : COZY

Conçu pour garder sa tenue quoiqu'il arrive, ce modèle suivra vos bambins sans blêmir dans chacune de leurs aventures !

E-1
Pantalon avec rabats

Explications : p. 58

Devant Dos

Pour monsieur, des rabats décoratifs en demi-cercle au dos...

Et un beau twill de couleur vive.

Voir p. 26 pour une autre idée de coordination.

E-2
Pantalon avec nœuds

Explications : p. 60

Devant   Dos

Pour mademoiselle,
un denim souple avec
des surpiqûres contrastantes...

Et deux jolis nœuds
à rayures.

Un pantalon à porter
au quotidien, et de temps
en temps, pourquoi pas,
façon Gavroche.

Voir p. 27 pour une autre idée de coordination.

Patron F

Short à volant

Tailles : 90 à 130
Création : Mahoe Anela

Un vrai faux air de jupette qui, c'est certain, fera fondre beaucoup de petits bouts de femme... et de mamans !

Un modèle pimpant... sous toutes les coutures.

F-1
Short à volant double

Leçon : p. 24

Cerise sur le gâteau, en travaillant avec un tissu festonné, vous n'aurez pas besoin de faire d'ourlet.

Voir p. 27 pour une autre idée de coordination.

Et en utilisant un velours côtelé fin, vous êtes sûre d'obtenir des fronces zéro défaut !

F-2
Short à volant simple

Explications : p. 62

Un vêtement parfait pour l'automne et l'hiver.

Leçon 3

Patrons : encart face A

Leçon 3

F-1 Short à volant double

L'essentiel ici, c'est de veiller à la régularité des nombreuses fronces.

F-1 → p. 22

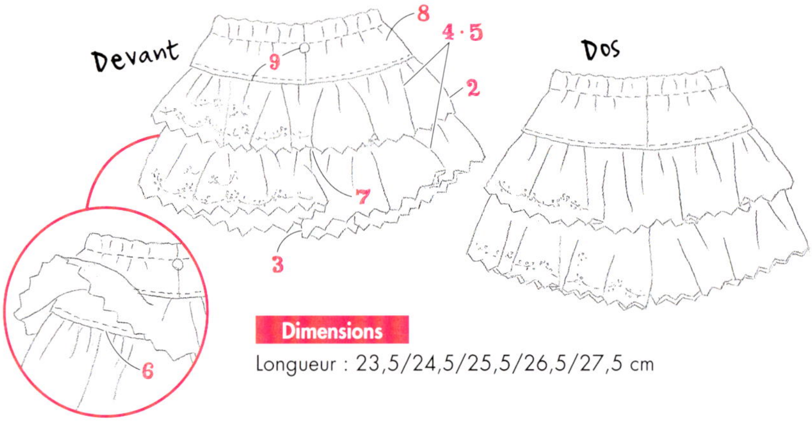

Dimensions

Longueur : 23,5/24,5/25,5/26,5/27,5 cm

Fournitures

※ Les mesures correspondent, de gauche à droite, aux tailles 90/100/110/120/130.

110 x 320/330/340/350/360 cm de lin festonné écru

43/45/48/51/55 cm d'élastique de 2 cm de large

1 bouton décoratif de ø 1,3 cm

Plan de coupe

※ En cas d'utilisation d'un tissu non festonné, faire pivoter les patrons de 90° (comme sur le plan de coupe de la p. 62) et ajouter 1 cm de marge de couture au bas des volants.

Lin festonné

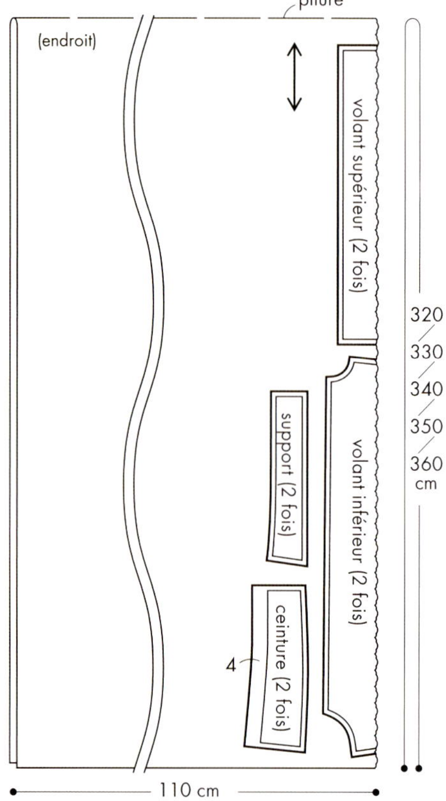

※ Les mesures correspondent, de haut en bas, aux tailles 90/100/110/120/130.

※ La marge de couture est de 1 cm sauf indication contraire.

※ Un tissu et un fil différents sont utilisés ici pour une meilleure visibilité.

1 Couper le tissu.

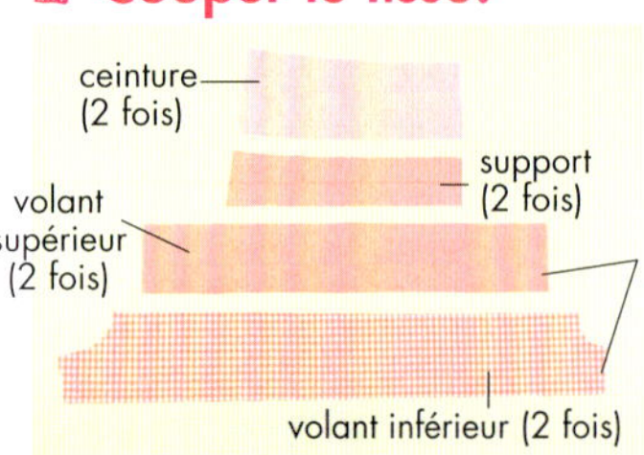

Réaliser les patrons en suivant la p. 42, puis couper le tissu.

2 Assembler les volants supérieurs.

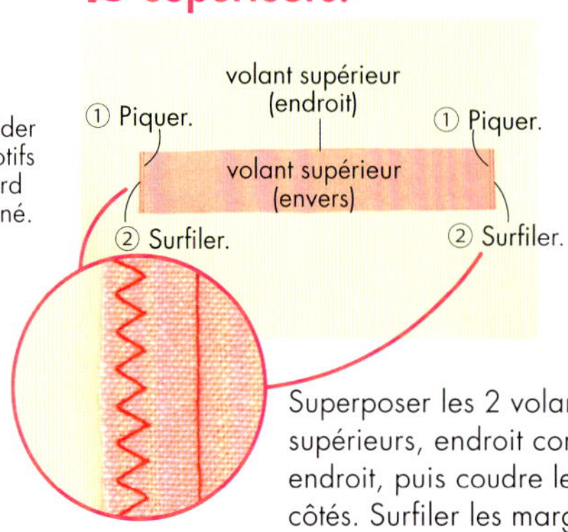

Superposer les 2 volants supérieurs, endroit contre endroit, puis coudre les côtés. Surfiler les marges et les rabattre vers le dos.

3 Coudre l'entrejambe.

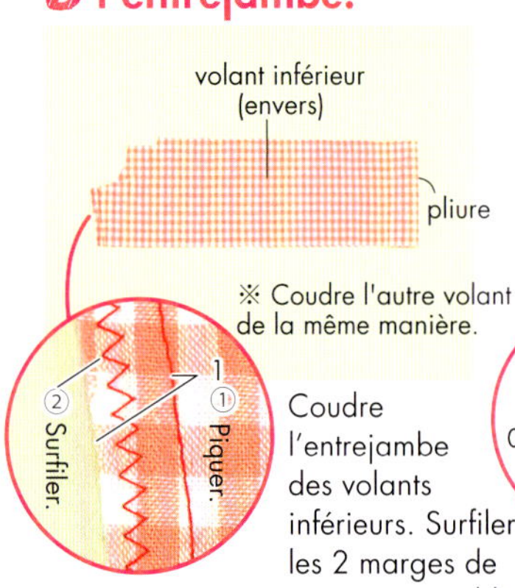

Coudre l'entrejambe des volants inférieurs. Surfiler les 2 marges de couture ensemble et les rabattre vers le dos.

4 Passer les fils de fronces.

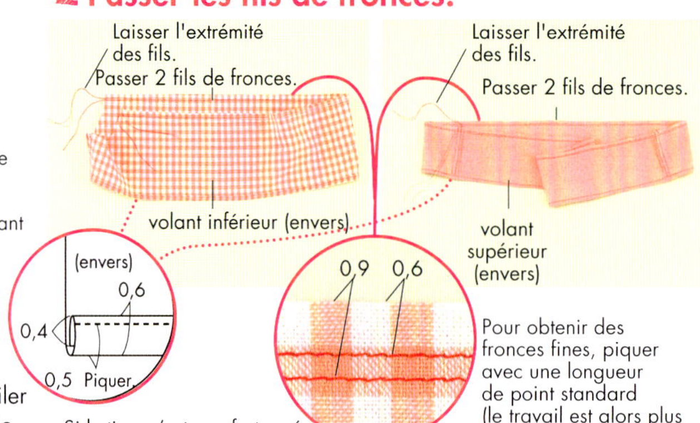

Si le tissu n'est pas festonné, plier le bas des volants en 3, puis piquer.

Pour obtenir des fronces fines, piquer avec une longueur de point standard (le travail est alors plus long que si l'on coud à grands points).

5 Froncer.

Tirer les 2 fils supérieurs pour froncer petit à petit.

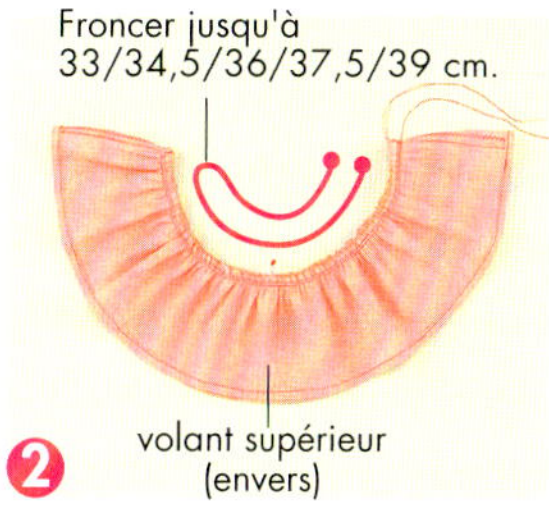

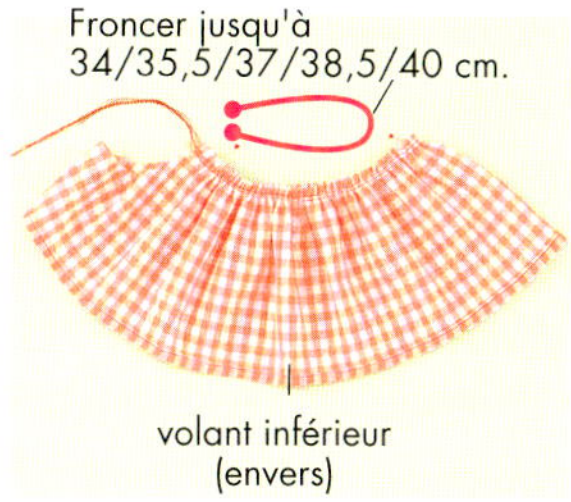

❷ Froncer le volant supérieur jusqu'à 33/34,5/36/37,5/39 cm et le volant inférieur jusqu'à 34/35,5/37/38,5/40 cm.

6 Assembler le support et le volant inférieur.

Faire coïncider les repères devant ★.

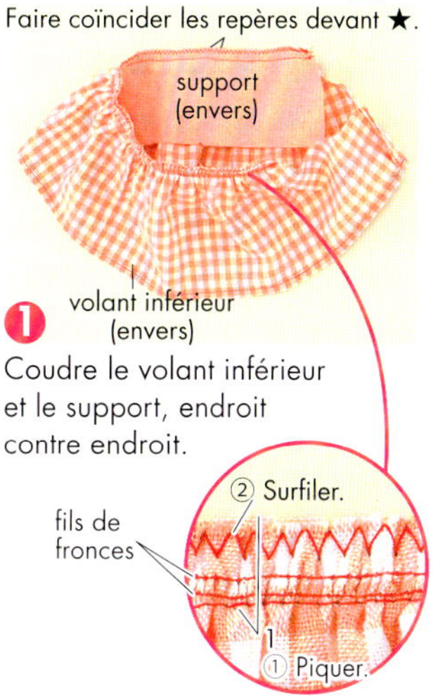

❶ Coudre le volant inférieur et le support, endroit contre endroit.

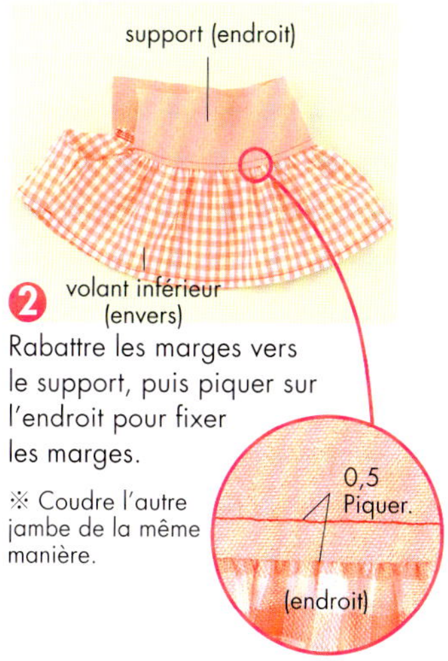

❷ Rabattre les marges vers le support, puis piquer sur l'endroit pour fixer les marges.

※ Coudre l'autre jambe de la même manière.

7 Coudre la fourche.

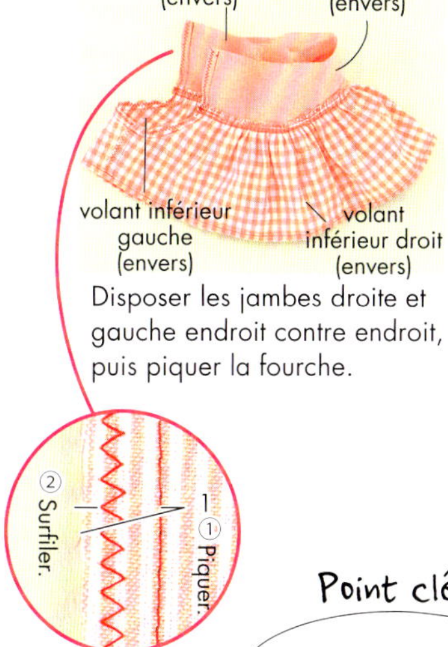

Disposer les jambes droite et gauche endroit contre endroit, puis piquer la fourche.

8 Réaliser la ceinture.

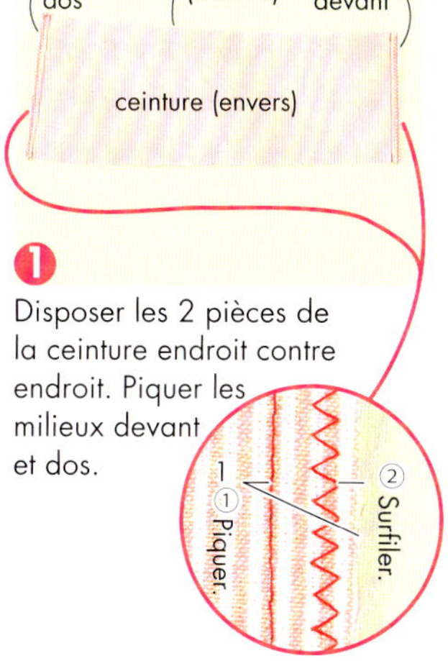

❶ Disposer les 2 pièces de la ceinture endroit contre endroit. Piquer les milieux devant et dos.

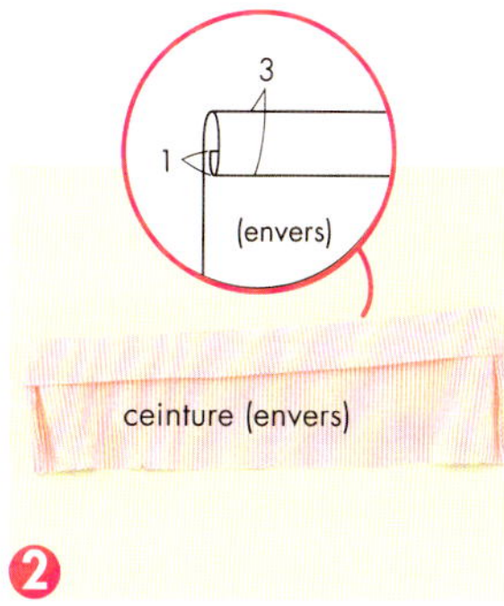

❷ Plier la marge de couture de la taille en 3 pour marquer les pliures.

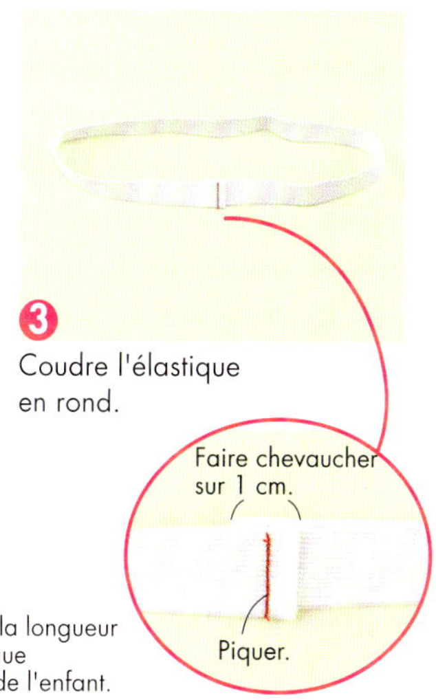

❸ Coudre l'élastique en rond.

※ Ajuster la longueur de l'élastique à la taille de l'enfant.

Point clé

Maintenir le tissu droit pour obtenir une ligne de piqûre rectiligne.

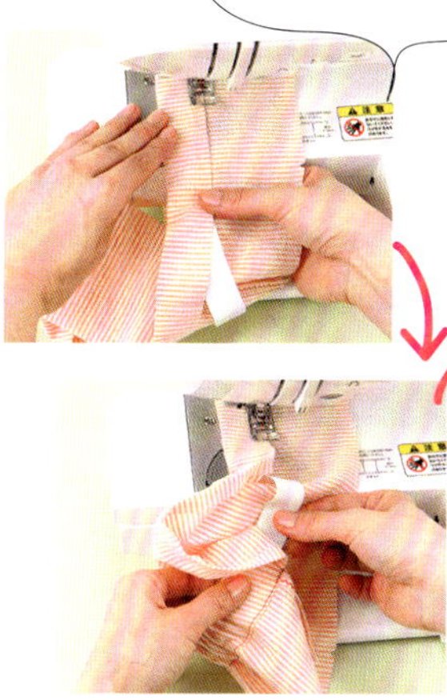

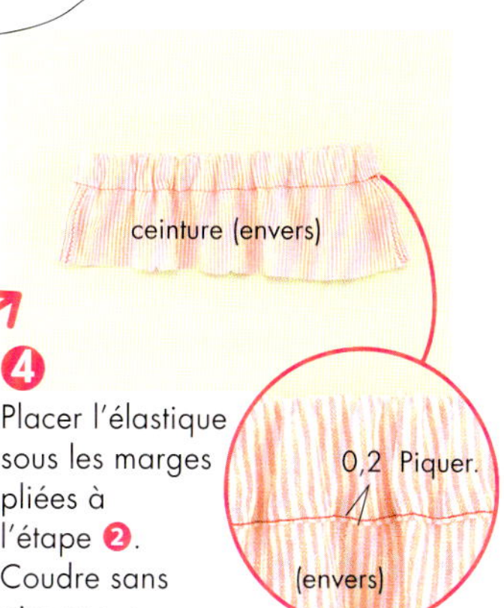

❹ Placer l'élastique sous les marges pliées à l'étape ❷. Coudre sans piquer sur l'élastique.

9 Coudre le volant supérieur.

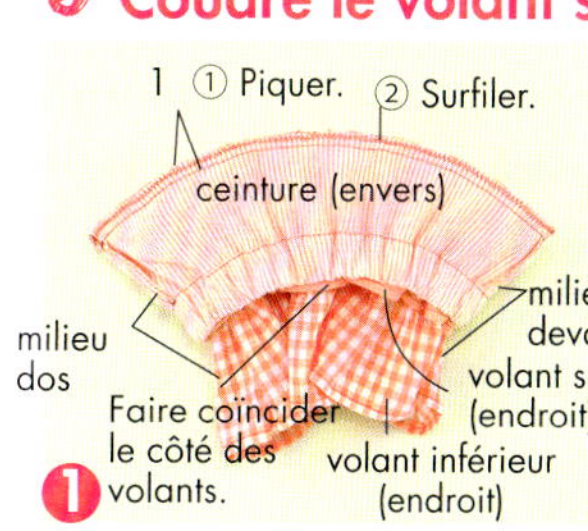

❶ Disposer la ceinture et le support endroit contre endroit. Insérer le volant supérieur, puis piquer les 3 épaisseurs ensemble.

❷ Retourner la ceinture sur l'endroit. Rabattre les marges vers la ceinture, puis piquer sur l'endroit pour fixer les marges.

Idées de coordination

Inspirez-vous librement de ces quelques suggestions pour composer des tenues complètes et toutes saisons avec les shorts et pantalons de ce livre.

A-2 → p. 4
Pantalon droit avec piqûres décoratives

E-1 → p. 20
Pantalon à empiècement avec rabats

Pour garçons

G-2 → p. 29
Jodhpur long

B-1 → p. 6
Bermuda

B-1' → p. 8
Bermuda

Pour filles

F-1 → p. 22
Short à volant double

B-2 → p. 7
Short

E-2 → p. 21
Pantalon à empiècement avec nœuds

G-1 → p. 28
Jodhpur court

C-1 → p. 12
Bloomer court

Patron G

Jodhpur

Tailles : 90 à 150
Création : muni

Le jersey bouclette prête ici son incomparable douceur à l'un des grands basiques du dressing d'aujourd'hui.

Ce pantalon, plus ou moins ajusté du genou à la cheville, permet de dompter la souplesse de ce tissu tricoté et de lui donner un excellent maintien.

G-1
Jodhpur court

Leçon : p. 30

Devant   Dos

Une allure décontractée, qui s'accommode très bien des hauts à frous-frous.

Porté tel quel ou avec le bas remonté, le jodhpur fait toujours l'unanimité.

Voir p. 27 pour une autre idée de coordination.

G-2
Jodhpur long
Explications : p. 64

Devant	Dos

Une silhouette longiligne... très actuelle.

Pour le pendant masculin, les jambes sont allongées et affinées, et les poches modifiées de sorte à créer du volume au niveau des hanches.

Réalisez des plis sur les poches devant pour obtenir un drapé naturel.

Voir p. 26 pour une autre idée de coordination.

Patron : encart face C

Leçon 4

G-1 Jodhpur court

Ce modèle peut tout à fait être cousu avec une machine standard. Le bord-côtes est utilisé pour la ceinture, l'ouverture des poches et le bas des jambes.

Fournitures

※ Les mesures correspondent, de gauche à droite, aux tailles 90/100/110/120/130/140/150.

155 x 65/70/75/80/85/90/95 cm de jersey bouclette gris
40 x 84 cm de bord-côtes gris
44/46/48,5/51/54/56,5/59,5 cm d'élastique de 2 cm de large

※ Utiliser un fil et une aiguille adaptés au jersey.

Dimensions Longueur : env. 44,5/48,5/54,5/60,5/67/73/79 cm

Plans de coupe

※ Un fil rouge est utilisé ici pour une meilleure visibilité.

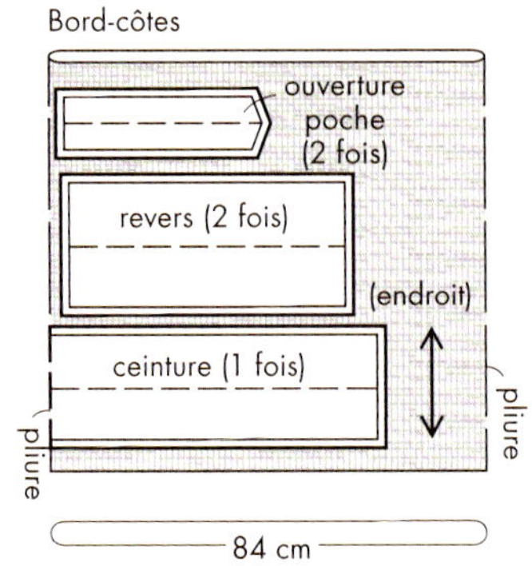

G-1 → p. 28

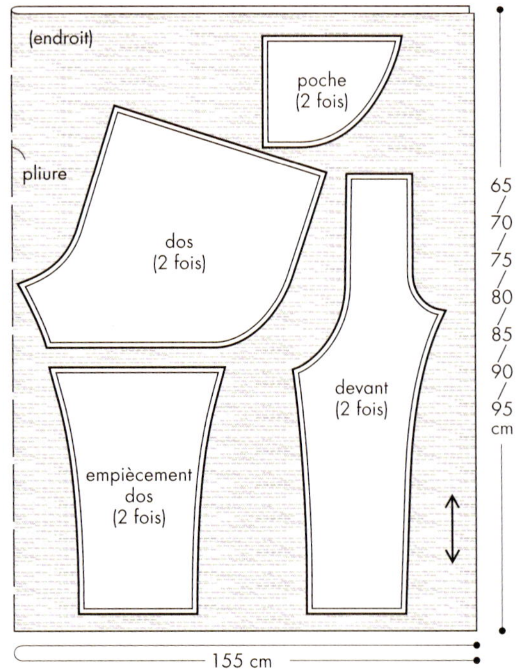

※ Les mesures correspondent, de haut en bas, aux tailles 90/100/110/120/130/140/150.
※ La marge de couture est de 1 cm.

1 Réaliser les poches.

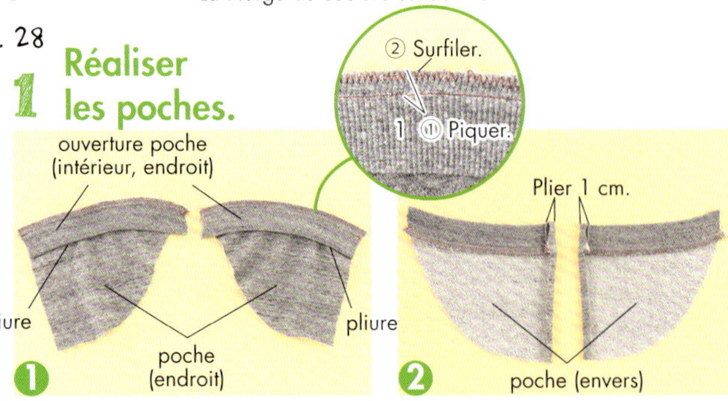

❶ Coudre l'ouverture poche pliée en 2 sur la poche en étirant légèrement le bord-côtes.

❷ Plier la marge de couture du bord dos.

2 Coudre les poches.

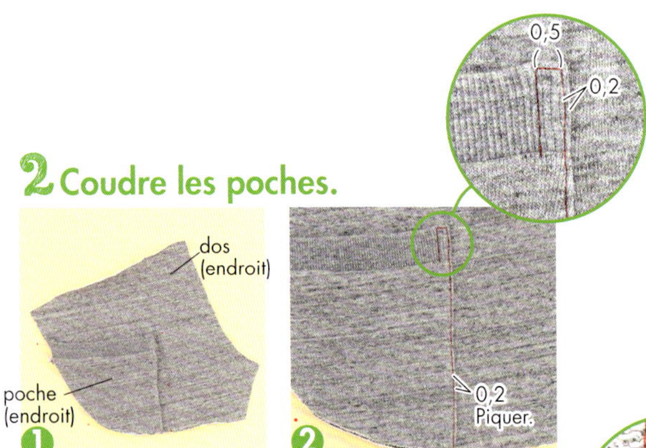

❶ Épingler la poche sur le dos.

❷ Piquer le bord dos de la poche. Piquer en rectangle sur l'ouverture de la poche pour consolider.

※ Coudre l'autre poche de la même manière.

3 Assembler le devant et l'empiècement du dos.

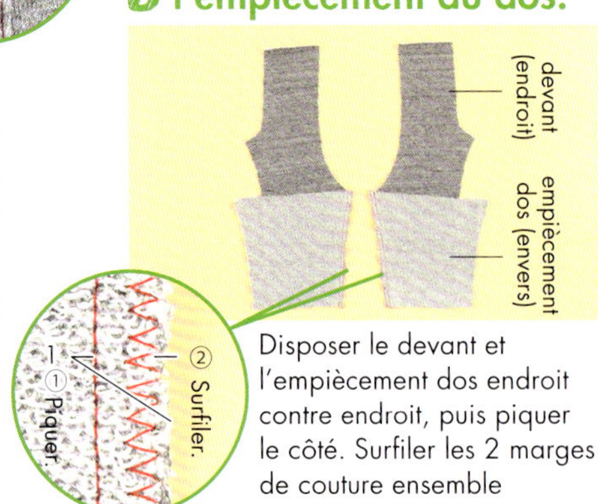

Disposer le devant et l'empiècement dos endroit contre endroit, puis piquer le côté. Surfiler les 2 marges de couture ensemble et les rabattre vers le dos.

4 Assembler le devant et le dos.

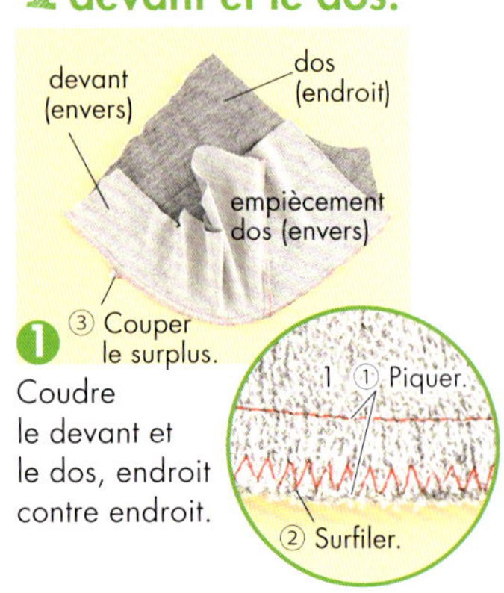

❶ Coudre le devant et le dos, endroit contre endroit.

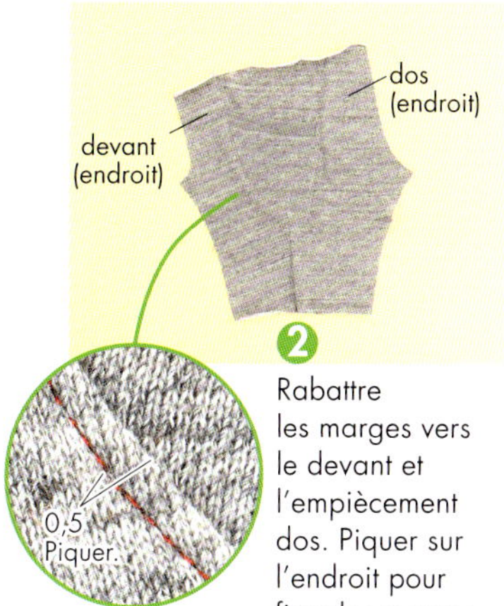

2 Rabattre les marges vers le devant et l'empiècement dos. Piquer sur l'endroit pour fixer les marges.
※ Coudre l'autre jambe de la même manière.

5 Piquer l'entrejambe.

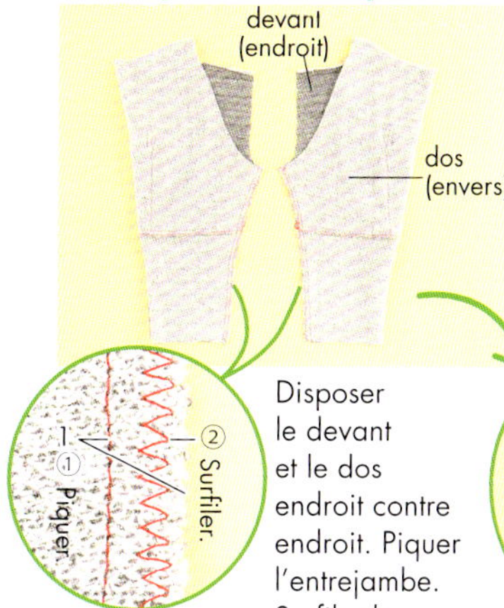

Disposer le devant et le dos endroit contre endroit. Piquer l'entrejambe. Surfiler les marges, puis les rabattre vers le dos.

6 Coudre la fourche.

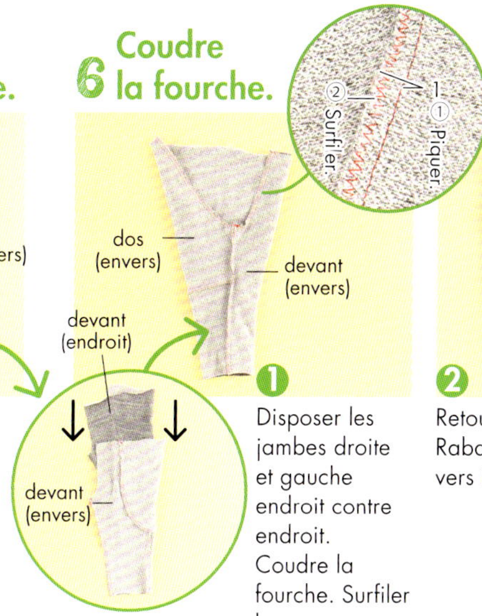

1 Disposer les jambes droite et gauche endroit contre endroit. Coudre la fourche. Surfiler les marges.

2 Retourner sur l'endroit. Rabattre les marges vers la jambe droite.

7 Réaliser la ceinture et les revers.

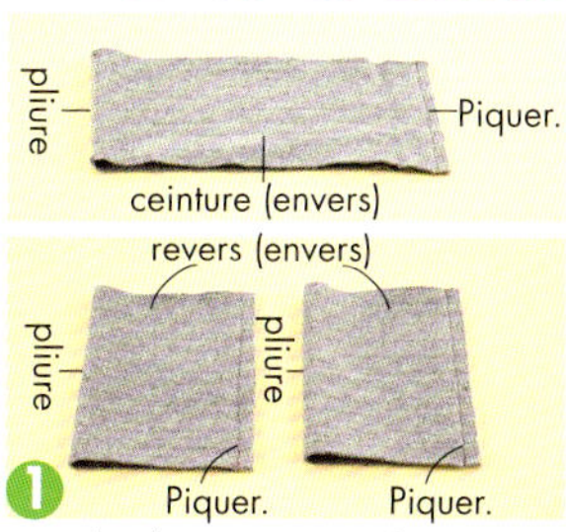

1 Coudre la ceinture et les revers en rond, endroit contre endroit.

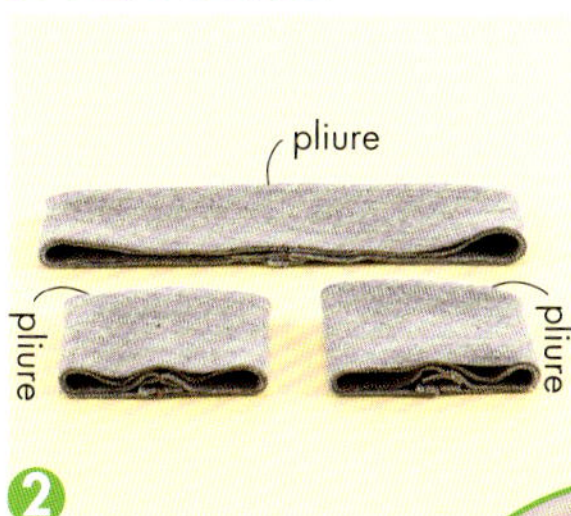

2 Ouvrir la couture. Plier chaque pièce en 2, envers contre envers.

Piquer en étirant la pièce de bord-côtes.

8 Coudre les revers.

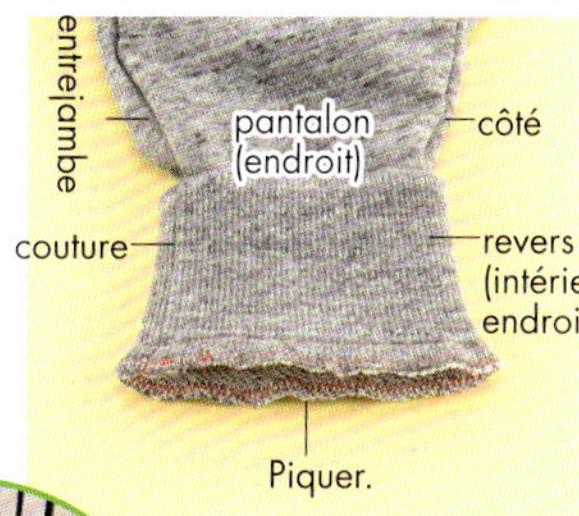

Coudre le revers au pantalon. Faire coïncider les coutures du revers et de l'entrejambe.

9 Coudre la ceinture.

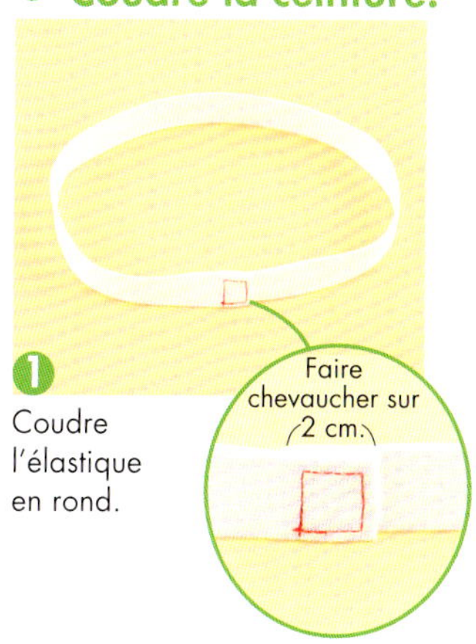

1 Coudre l'élastique en rond.

※ Ajuster la longueur à la taille de l'enfant.

2 Insérer l'élastique dans la ceinture pliée en 2.

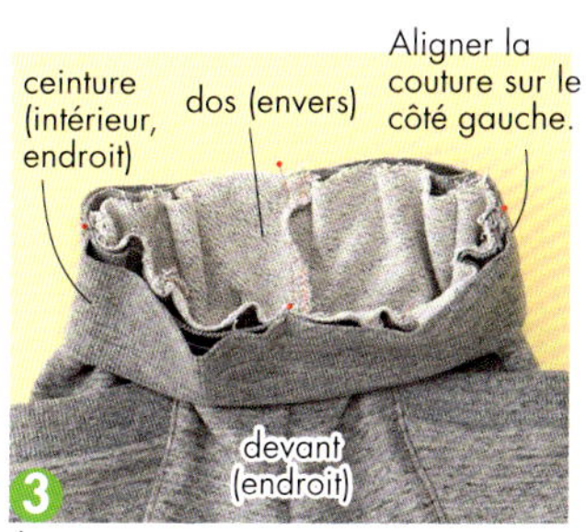

3 Épingler la ceinture (les milieux devant et dos et les côtés) au pantalon.

4 Piquer en étirant la ceinture.

5 Rabattre les marges vers le pantalon. Déplacer l'élastique vers le haut, puis piquer les côtés pour fixer l'élastique.

Patron H

Pantalon et bermuda cargo

Tailles : 90 à 150
Création : amie-poche

Reconnaissable entre tous avec ses poches à rabat et sa belle ampleur, cet intemporel présente aussi l'avantage d'être unisexe.

H-1
Pantalon cargo court

Explications : p. 66

Devant

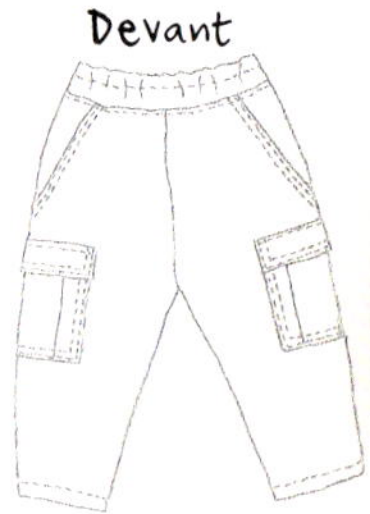

Dos

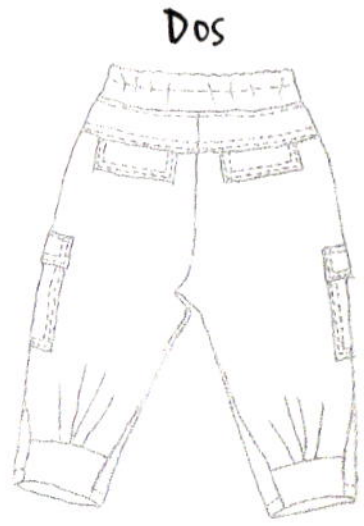

H-2
Bermuda cargo

Leçon : p. 35

Devant

Dos

Le choix du tissu est plus important que jamais : il ne doit pas être trop fin, pour un joli rendu, ni trop épais, pour éviter les surépaisseurs autour des rabats, dans les marges de couture.

Réfléchissez aussi soigneusement à la couleur de fil pour vos piqûres décoratives, car elle peut changer le résultat du tout au tout.

L'ourlet du devant est plié en trois et celui du dos est réalisé avec des plis. Ajoutez un revers pour le modèle H-1.

Des plis discrets rehaussent subtilement la féminité du modèle.

Patron H

Pantalon cargo long

Tailles : 90 à 150
Création : amie-poche

Le gros plus
de ce pantalon ?
Il s'associe avec tous
les vêtements,
sans exception.

À son aise dans la cour de récré (comme partout ailleurs !), cette version longue en denim étoffera sans nul doute votre liste de projets.

H-3
Pantalon cargo long

Leçon : p. 35

※ Voir p. 66 pour les fournitures et le plan de coupe.

Devant

Dos

La réalisation est identique à celle du modèle H-2.

Patron : encart face D

Leçon 5

H-2 Bermuda cargo

Il faut un peu de temps pour terminer ce modèle, mais le résultat sera à la hauteur de toutes les exigences.

Fournitures

※ Les mesures correspondent, de gauche à droite, aux tailles 90/100/110/120/130/140/150.

105 x 80/80/90/100/110/120/130 cm de coton kaki
44/46/48,5/51/54/57/59,5 cm d'élastique de 0,5 à 1 cm de large (2 fois)

Dimensions

Longueur : env.
35,7/37/39,5/42/44,5/47/49,5 cm

H-2 → p. 32

H-3 → p. 34

Réaliser le modèle H-3 de la même manière. Voir p. 66 pour les fournitures, le plan de coupe et les dimensions.

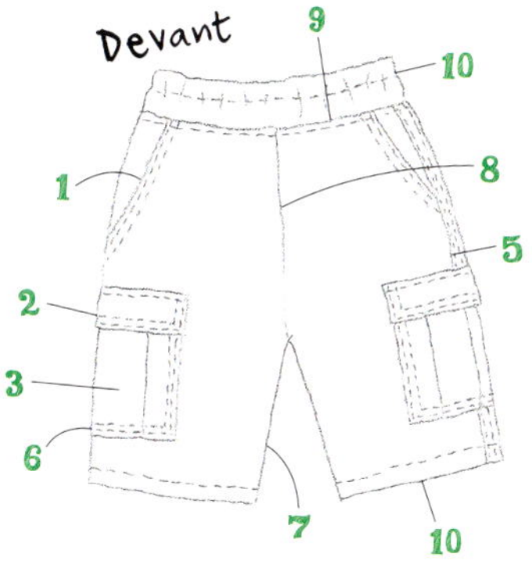

Plan de coupe

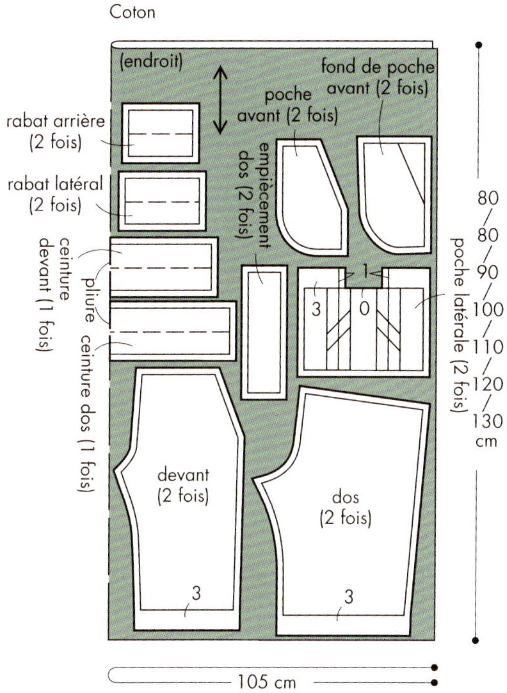

※ Les mesures correspondent, de haut en bas, aux tailles 90/100/110/120/130/140/150.
※ La marge de couture est de 1 cm sauf indication contraire.

※ Un tissu et un fil différents sont utilisés ici pour une meilleure visibilité.

1 Coudre les poches avant.

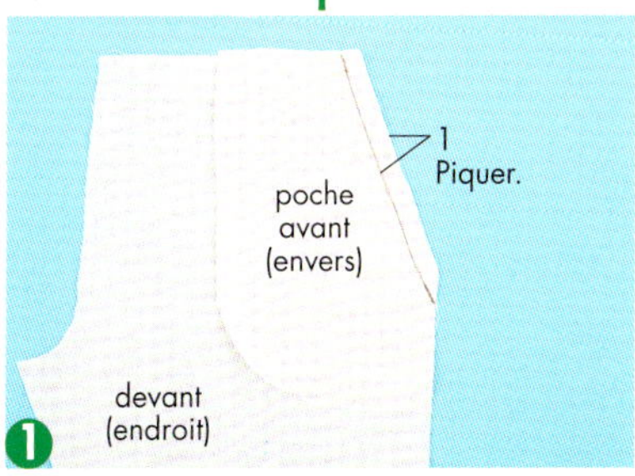

Superposer la poche avant sur le devant, endroit contre endroit. Piquer l'ouverture de la poche.

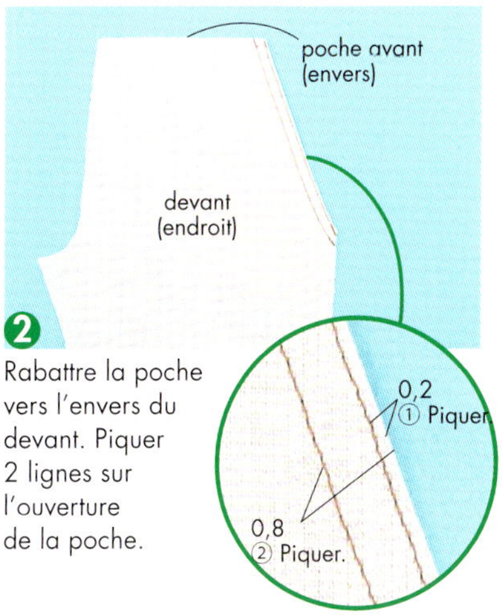

Rabattre la poche vers l'envers du devant. Piquer 2 lignes sur l'ouverture de la poche.

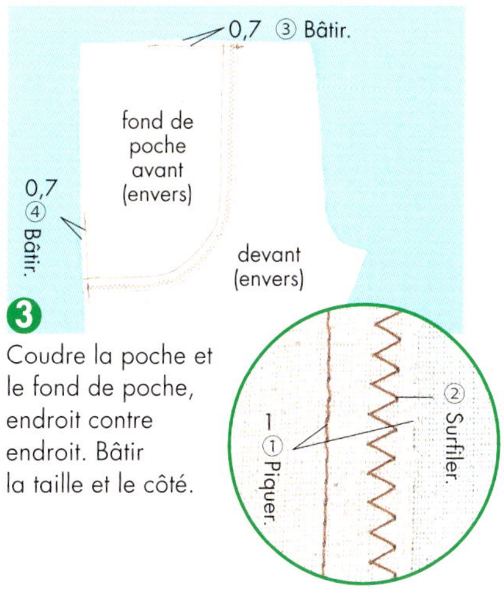

Coudre la poche et le fond de poche, endroit contre endroit. Bâtir la taille et le côté.

2 Réaliser les rabats.

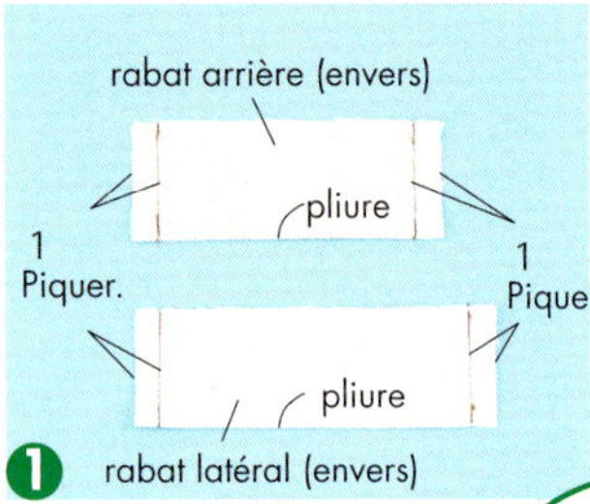

❶ Plier les rabats en 2, endroit contre endroit, puis piquer les côtés.

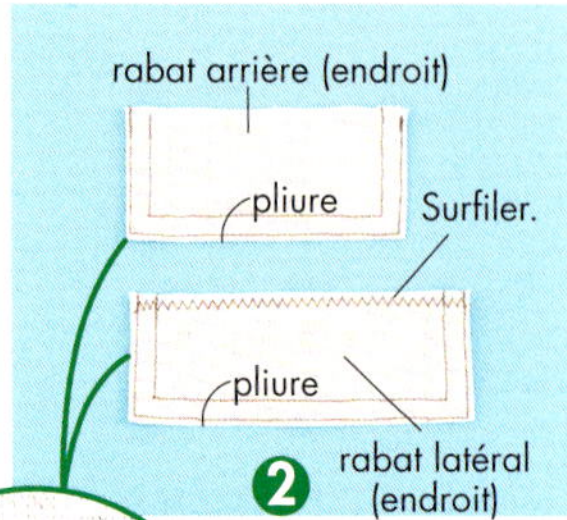

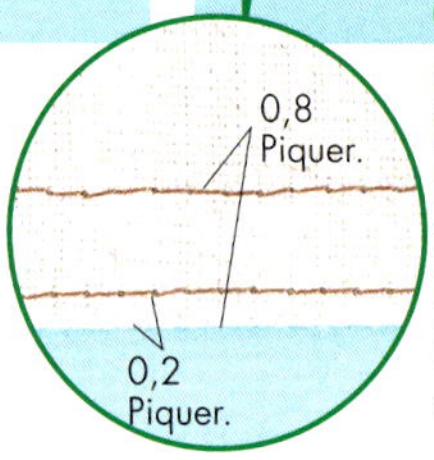

❷ Retourner les rabats sur l'endroit. Piquer 2 lignes sur le bord. Surfiler le bord opposé à la pliure.

3 Réaliser les poches latérales.

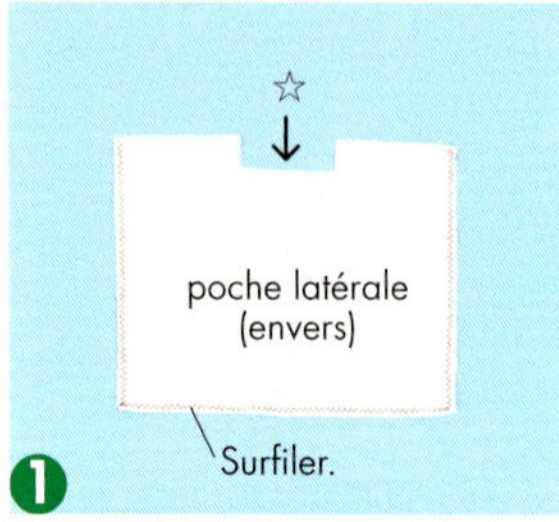

❶ Surfiler les marges de couture sauf celle de l'ouverture de la poche. Plier en 2 pour marquer le pli.

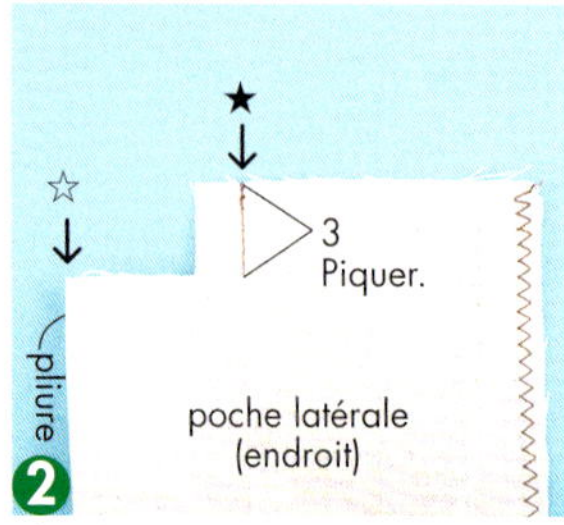

❷ Plier la poche en 2 sur la ligne ☆ envers contre envers. Piquer sur 3 cm sur la ligne ★.

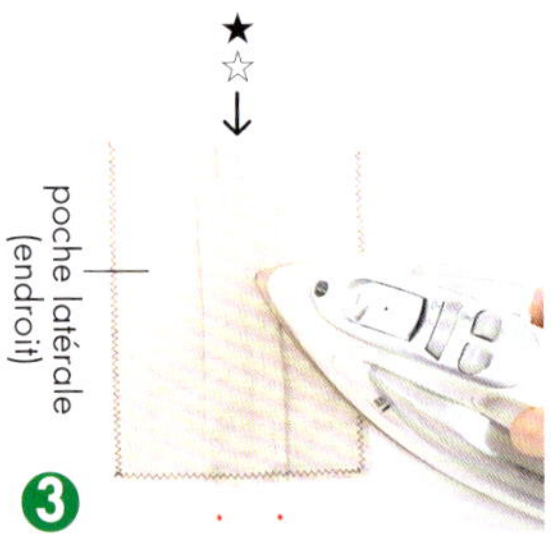

❸ Réaliser les plis, puis épingler.

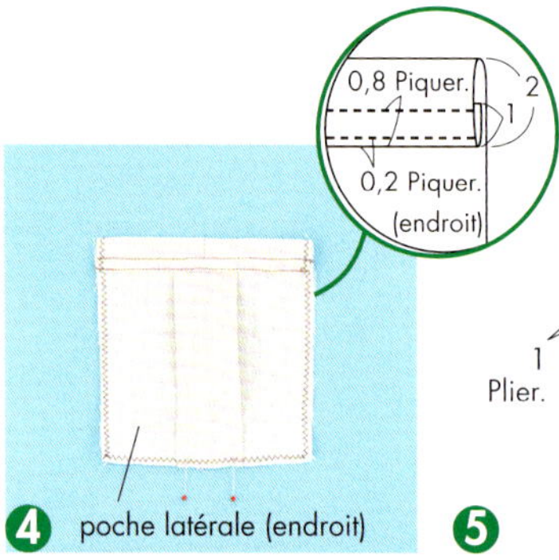

❹ Plier l'ouverture de la poche en 3 (1 cm, 2 cm), puis piquer 2 lignes.

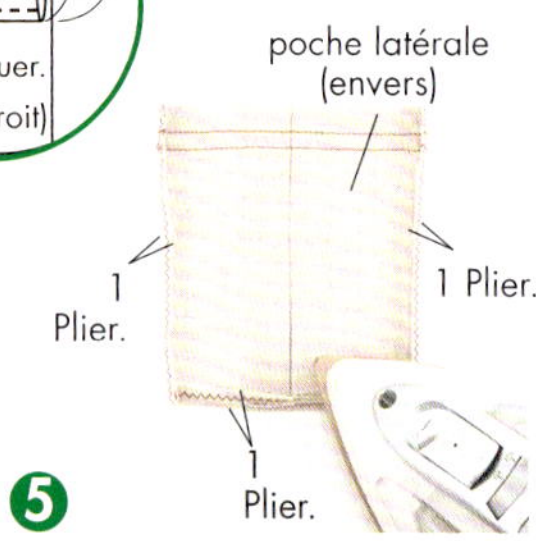

❺ Plier les marges de couture pour marquer la pliure.

4 Réaliser le dos.

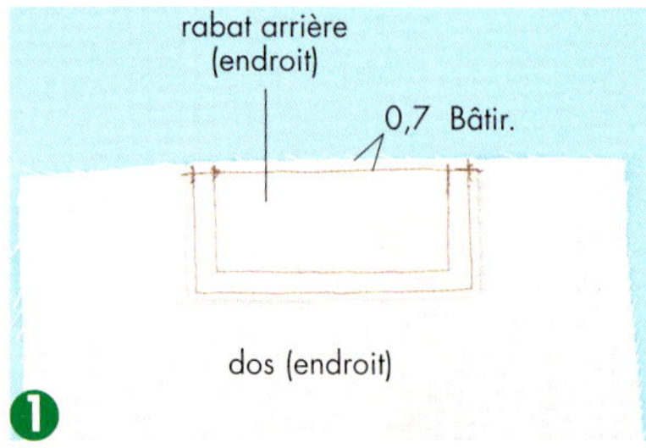

❶ Bâtir le rabat arrière sur le dos.

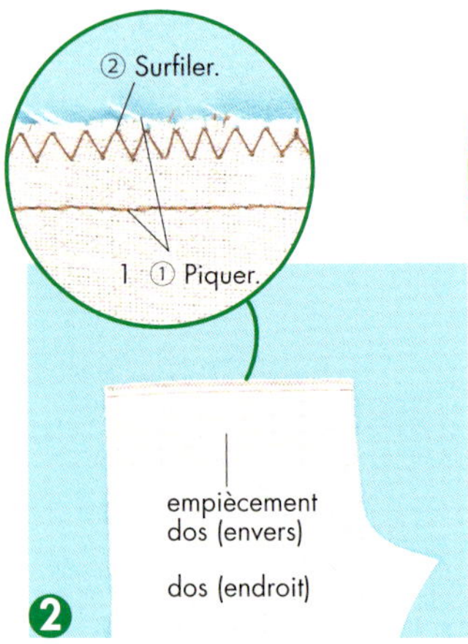

❷ Coudre l'empiècement dos et le dos, endroit contre endroit.

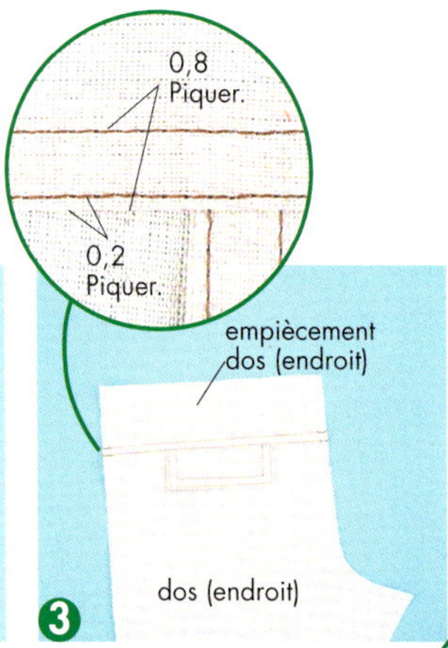

❸ Rabattre les marges vers l'empiècement. Piquer 2 lignes sur l'endroit pour fixer les marges.

5 Assembler les côtés.

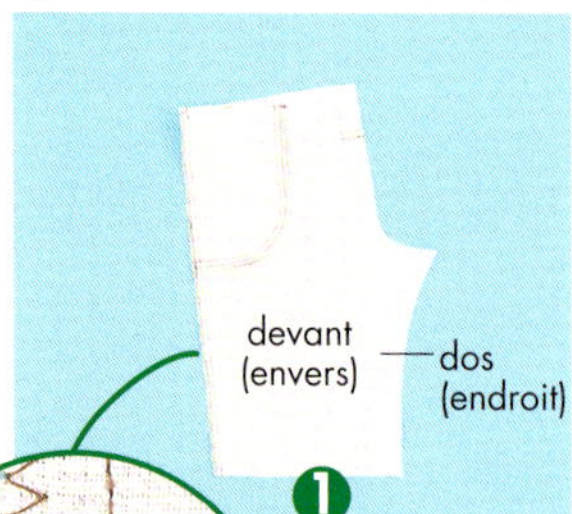

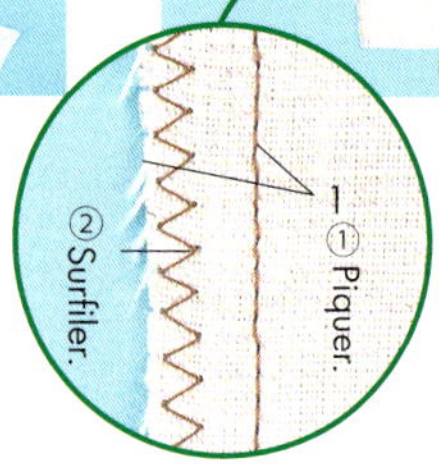

❶ Disposer le devant et le dos, endroit contre endroit, puis piquer le côté.

※ Coudre l'autre jambe de la même manière.

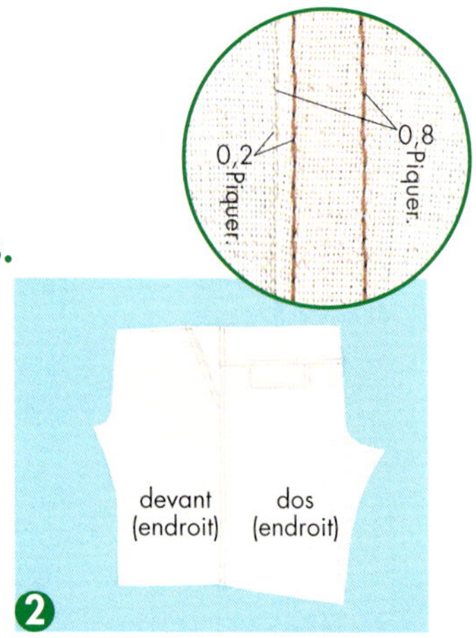

❷ Rabattre les marges vers le dos. Piquer 2 lignes sur l'endroit pour fixer les marges.

6 Coudre les poches latérales.

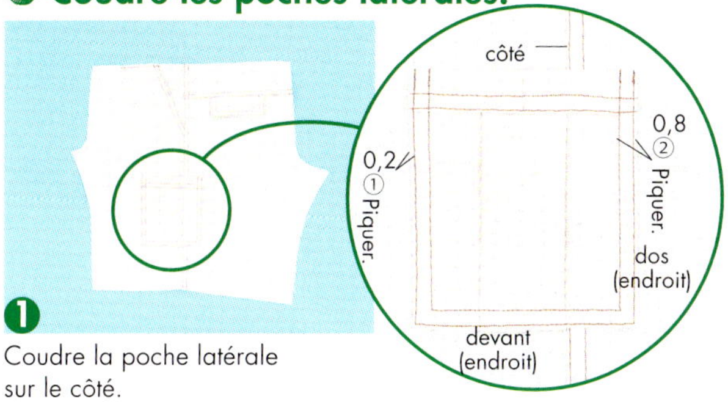

1 Coudre la poche latérale sur le côté.

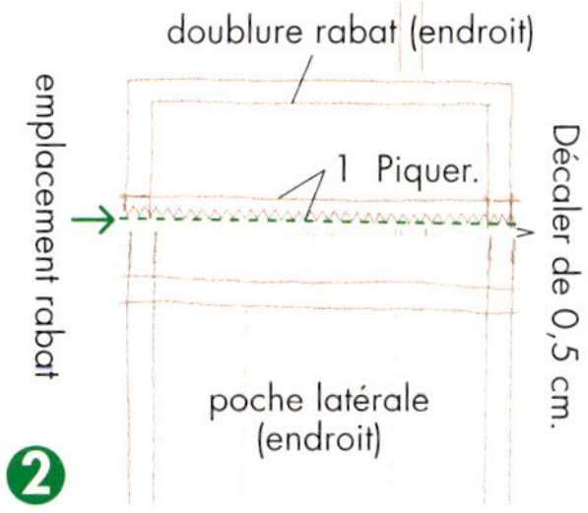

2 Disposer le rabat de la poche latérale et le pantalon endroit contre endroit. Faire coïncider le bord des marges et l'emplacement du rabat. Piquer.

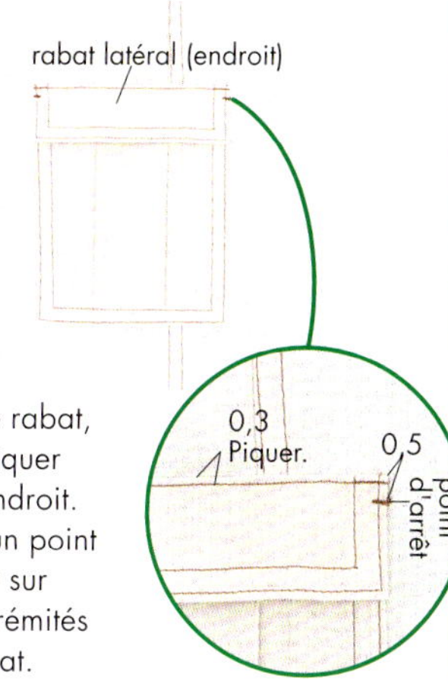

3 Plier le rabat, puis piquer sur l'endroit. Faire un point d'arrêt sur les extrémités du rabat.

7 Piquer l'entrejambe.

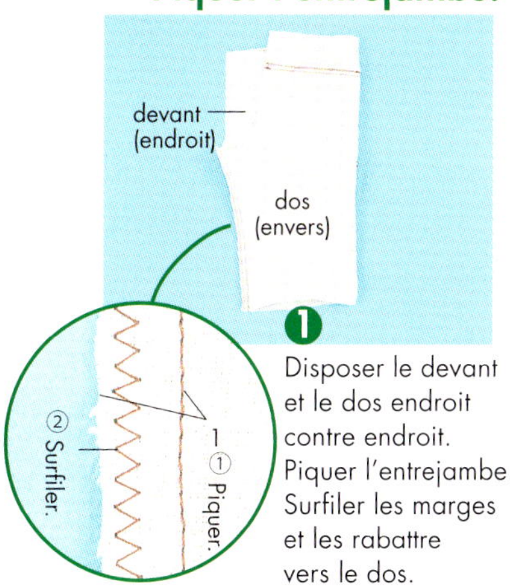

1 Disposer le devant et le dos endroit contre endroit. Piquer l'entrejambe. Surfiler les marges et les rabattre vers le dos.

※ Coudre l'autre jambe de la même manière.

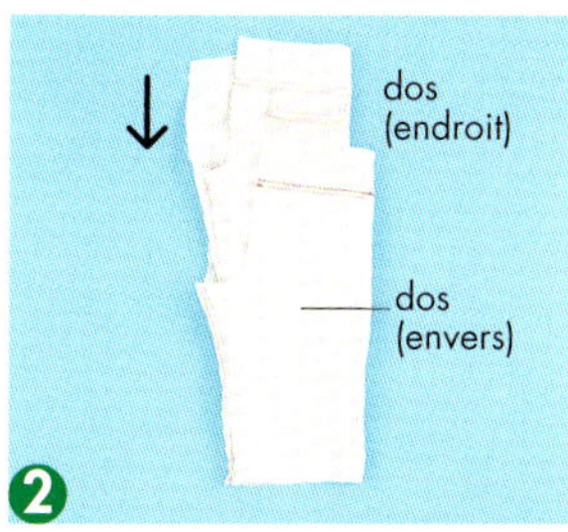

2 Disposer les jambes droite et gauche endroit contre endroit.

8 Coudre la fourche.

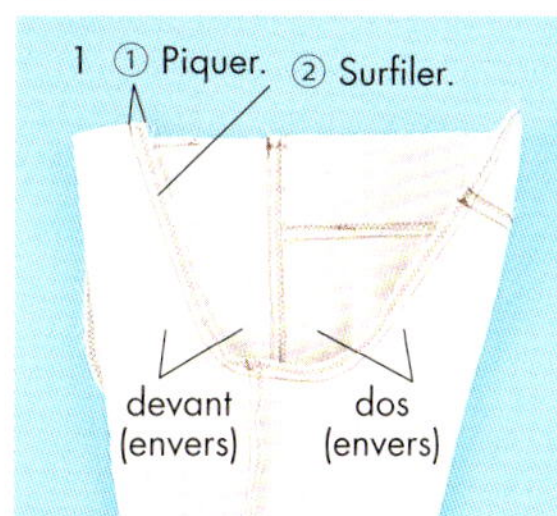

Coudre la fourche, puis rabattre les marges vers la jambe gauche.

9 Coudre la ceinture.

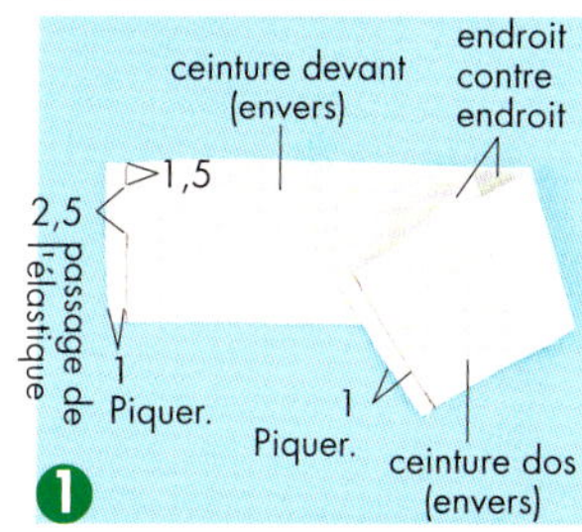

1 Disposer les ceintures devant et dos endroit contre endroit. Piquer les côtés en laissant le passage de l'élastique.

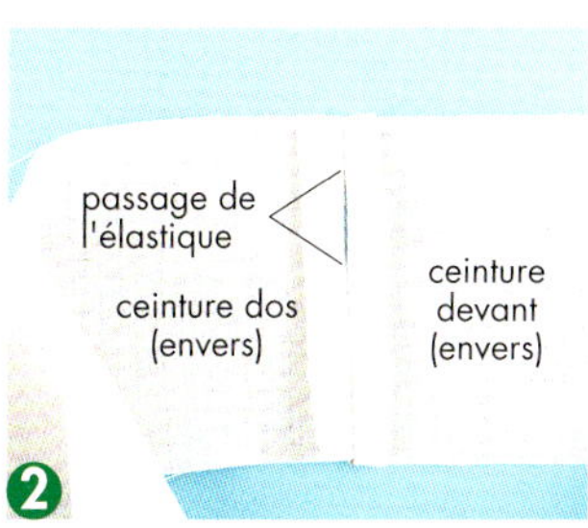

2 Ouvrir la couture.

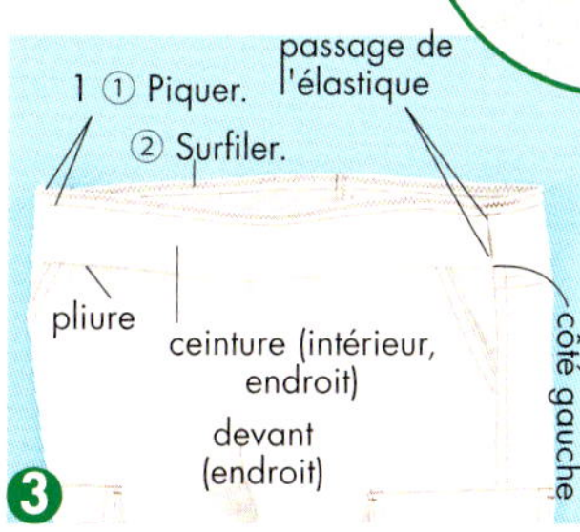

3 Plier la ceinture en 2, envers contre envers. La coudre au pantalon. Surfiler les 3 marges de couture ensemble.

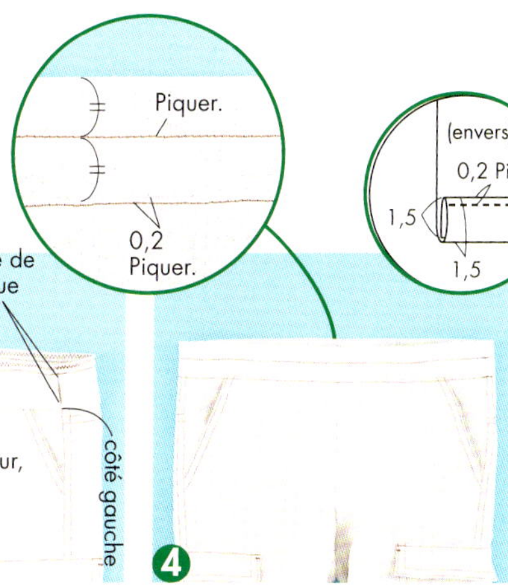

4 Relever la ceinture. Rabattre les marges vers le pantalon, puis piquer sur l'endroit pour fixer les marges. Piquer le milieu de la ceinture.

10 Ourler le bas et insérer l'élastique.

Plier le bas en 3, puis piquer. Insérer 2 élastiques dans la ceinture. Faire chevaucher les extrémités des élastiques sur 1 cm, puis piquer (voir p. 25).

Patron I

Short évasé

Tailles : 90 à 130
Création : Candy Floss

Comment (et surtout pourquoi ?!) ne pas succomber à ce... short qui ne ressemble à aucun autre ?

Le grand nœud fleuri à nouer au dos amène une note de fraîcheur exquise.

I-1
Short évasé avec poches

Explications : p. 68

Devant

Dos

Coupées dans un tissu uni plus vif, les poches et la ceinture froncées pimentent le tout !

Un short qui tourne
comme un tutu ?
Le rêve de tous les
petits rats de l'opéra !

Mousseline de coton
et petits carreaux :
un mariage réussi.

Supprimez les poches
du modèle I1 et superposez
une jupe en organdi.

I-2
Short évasé doublé d'organdi

Explications : p. 70

Devant

Dos

À lire impérativement avant de commencer !

Bases de la couture

Fournisseur : Clover co., ltd.

Matériel

Papier de soie

Pour reporter le patron.

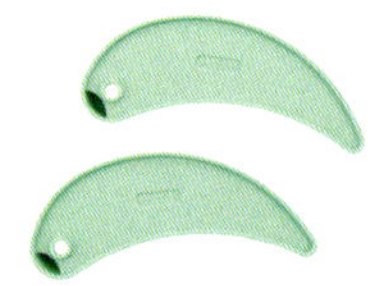

Poids

Pour maintenir le patron au moment de la coupe du tissu.

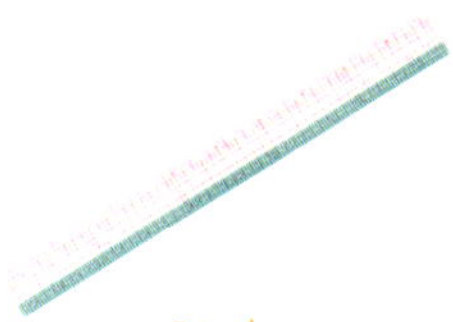

Règle

Une règle Omnigrid est pratique.

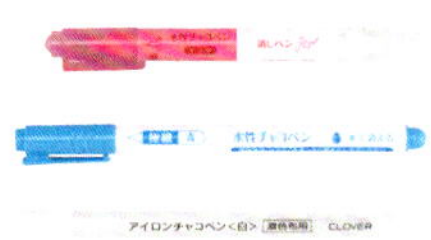

Marqueurs

Pour tracer des repères.

Papier carbone

Pour marquer des repères à l'aide de la roulette.

Ciseaux et coupe-fil

Préparer des ciseaux de coupe et un coupe-fil.

Épingles et aiguilles

Pour maintenir plus de 2 épaisseurs de tissu et coudre les boutons.

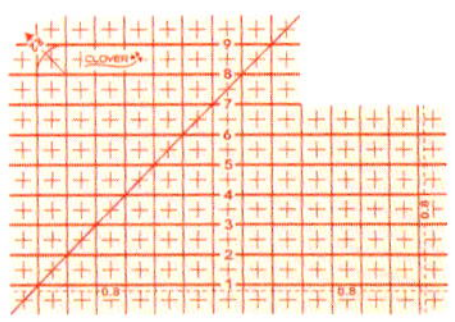

Règle de repassage

Pour marquer les pliures des ourlets.

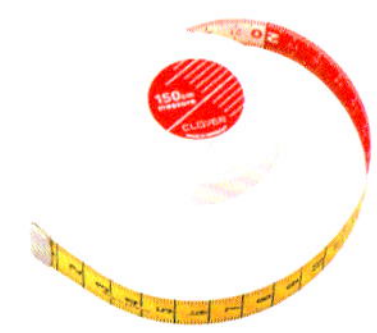

Mètre-ruban

Pour prendre les mensurations et mesurer les courbes.

Poinçon et découd-vite

Pour marquer des repères et défaire une couture (voir p. 9 et 19).

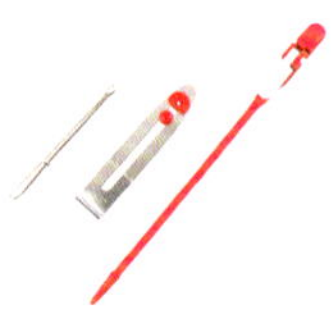

Enfile-ruban

Pour enfiler rubans ou élastiques (peut être remplacé par une épingle de nourrice).

Élastiques

Choisir la largeur selon le modèle.

Toile thermocollante

Se fixe sur l'envers du tissu pour le consolider.

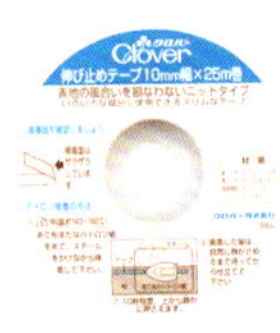

Bande thermocollante

Se fixe sur l'ouverture des poches, etc., pour renforcer le tissu.

Fil de bâti

Pour maintenir des pièces en place temporairement.

Fils à coudre et aiguilles pour machine

Choisir leur grosseur selon l'épaisseur du tissu. Plus son numéro est grand, plus le fil est fin. Inversement, plus son numéro est grand, plus l'aiguille est grosse.
L'aiguille pour machine spécial jersey a une pointe arrondie.

Tissus	Fil	Aiguille
Tissus fins (batiste de coton, etc.)	n° 90	n°s 70 et 80
Tissus moyens (cotonnade, etc.)	n° 60	n°s 80 et 90
Tissus épais (denim, etc.)	n° 30	n°s 90 et 100
Tissus à mailles (jersey, etc.)	fil mousse	aiguille pour jersey

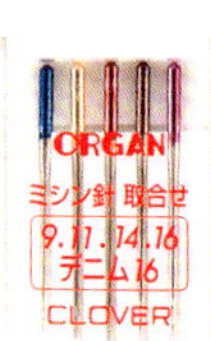

Aiguilles à coudre

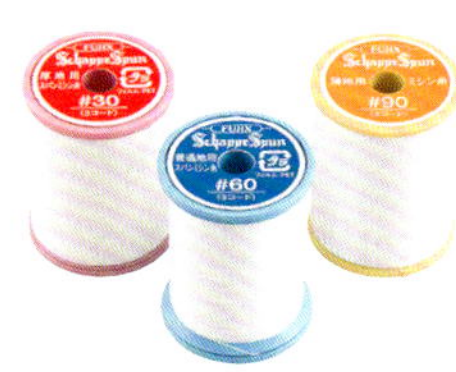

Fils à coudre

de gauche à droite : n° 90, ° 60, n° 30

Fil mousse

Tailles

Les patrons sont fournis pour les tailles suivantes : 90/100/110/120/130 (mais aussi 140 et 150 pour certains modèles). Se référer au tableau de mensurations ci-dessous (voir également p. 42).

Mensurations

L'unité de mesure est le centimètre.

Stature	90	100	110	120	130	140	150
Tour de taille	49	51	54	57	60	63	66

※ Les mannequins mesurent 109 cm (fillette) et 114 cm (garçon). Ils portent tous les deux des vêtements en taille 110.

Plans de coupe et fournitures

- L'unité de mesure est le centimètre sauf indication contraire.
- Les plans de coupe figurant dans les explications correspondent à la taille 110. Ils peuvent différer pour les autres tailles.
- Le métrage des tissus et élastiques est approximatif et donné à titre indicatif. Ajuster la longueur des élastiques selon les mensurations de l'enfant.
- La longueur des pantalons est mesurée de la ceinture jusqu'au bas.

Droit-fil

Les fils de trame sont perpendiculaires aux lisières tandis que les fils de chaîne leur sont parallèles. En couture, le droit-fil correspond aux fils de chaîne.

Décatissage

Préparer le tissu avant de commencer pour éviter que le vêtement rétrécisse ou se décolore ultérieurement.

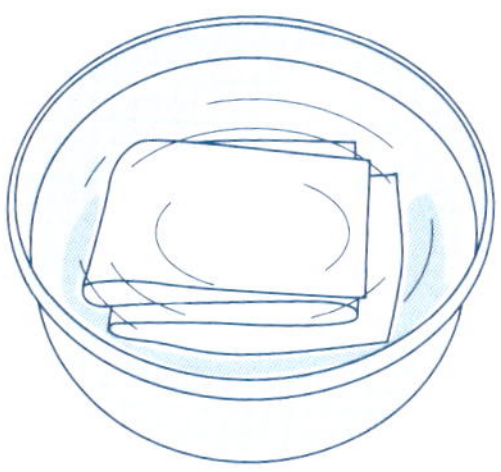

→

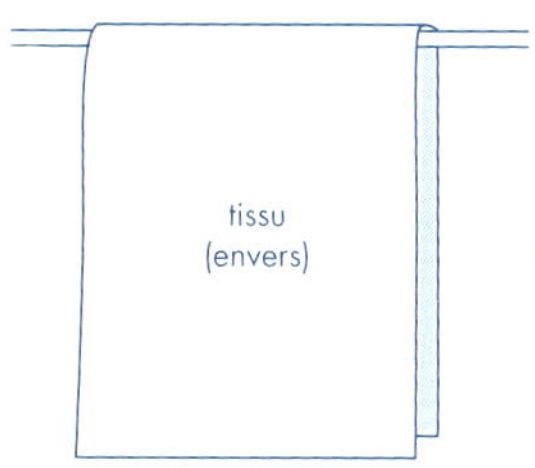

→

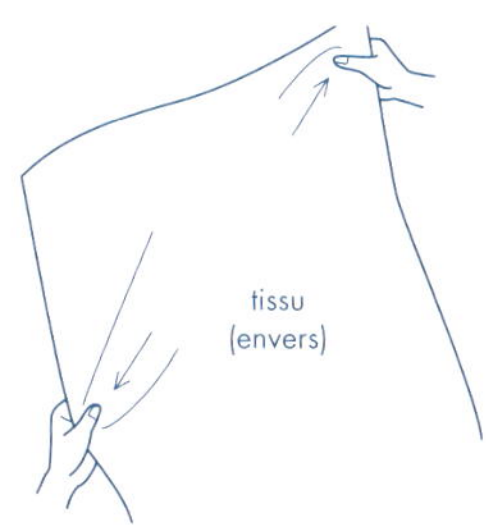

→

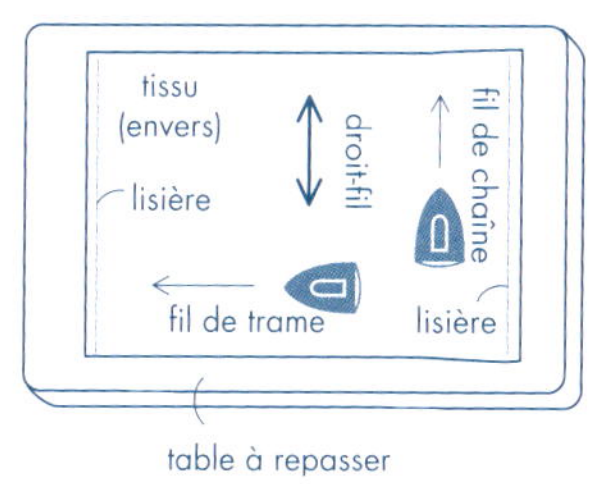

1. Plier le tissu en accordéon, puis le faire tremper dans de l'eau pendant 1 heure.
2. L'essorer légèrement, puis le laisser sécher à l'ombre. Placer le jersey à plat.
3. Étirer délicatement le tissu pour redresser le droit-fil.
4. Repasser le tissu sur l'envers, en respectant le droit-fil.

Coupe et repères

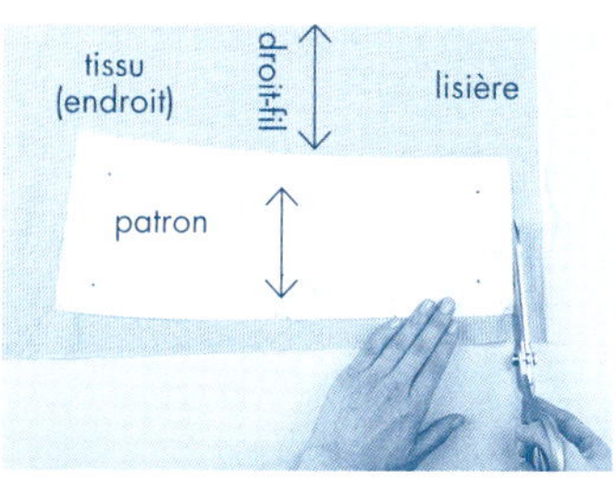

Superposer le patron (voir p. 42) sur le tissu, en faisant coïncider le droit-fil de l'un et l'autre. Épingler.

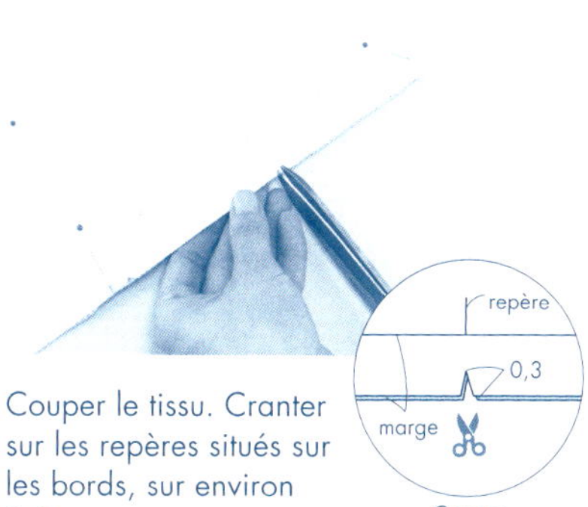

Cranter.

Couper le tissu. Cranter sur les repères situés sur les bords, sur environ 0,3 cm.

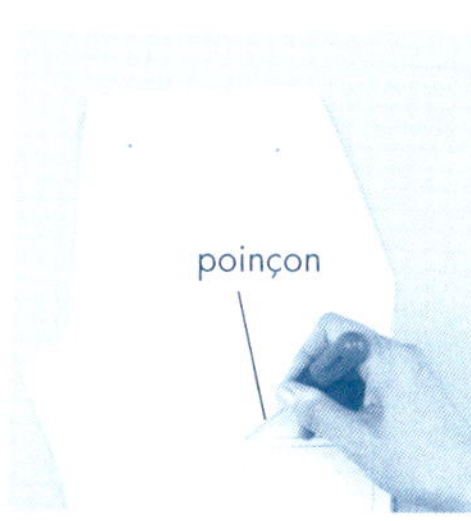

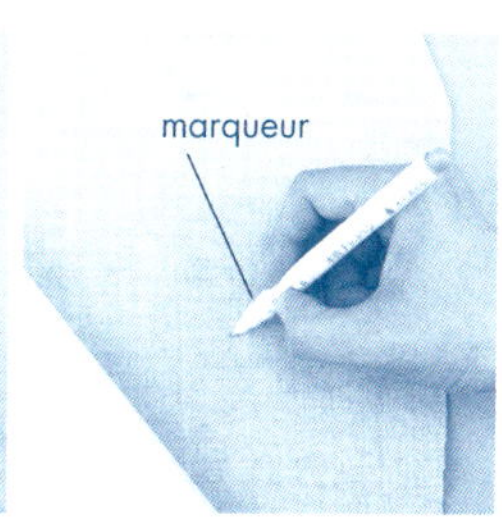

Percer un trou sur les repères qui se trouvent à l'intérieur des pièces. Enlever le patron, puis tracer de nouveau les repères au marqueur. Il est également possible de marquer les repères à l'aide de papier carbone.

Réalisation des patrons

Les patrons se superposent en partie dans l'encart. Repérer les angles de ceux qui sont à reporter à l'aide d'un marqueur.
Prévoir un grand papier de soie pour préparer chaque patron.

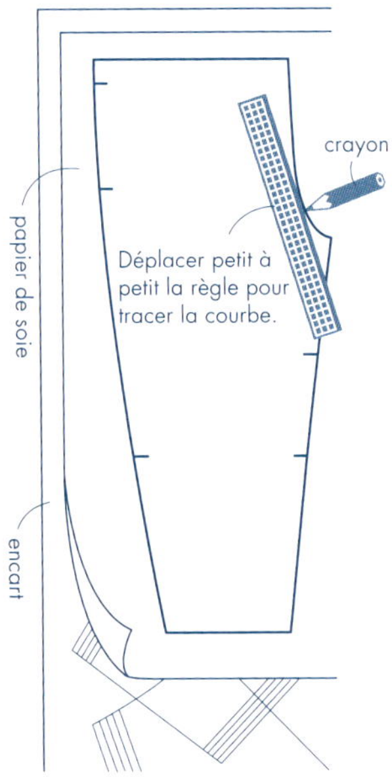

1 Reporter le patron de l'encart sur le papier de soie.

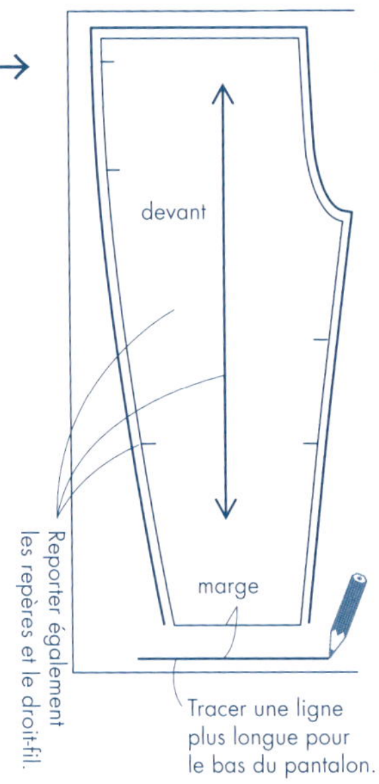

2 Ajouter les marges de couture indiquées sur le plan de coupe.

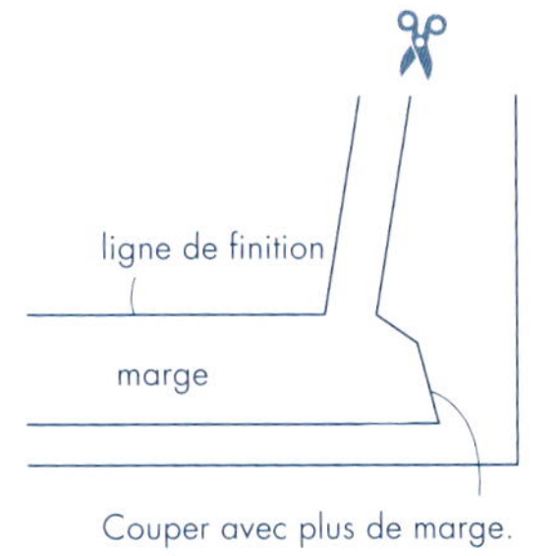

3 Couper le patron sur la ligne de la marge de couture. Laisser plus de marge de couture dans les angles.

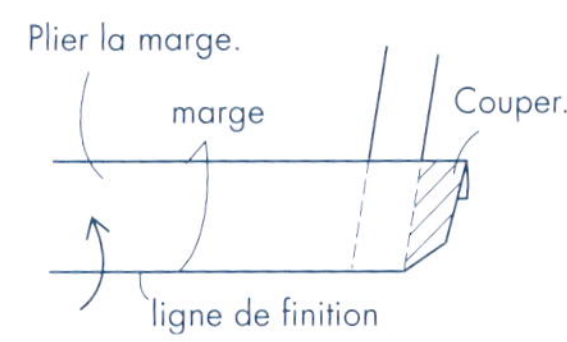

4 Plier le bas du pantalon (ou du short) sur la ligne de finition, puis couper le surplus de papier de soie.

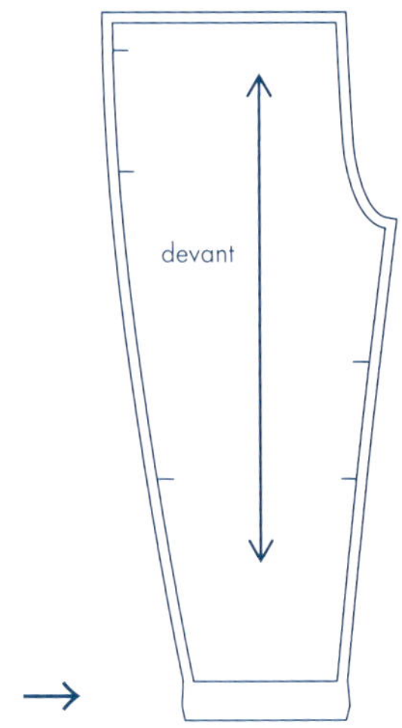

5 Le patron avec marges de couture incluses est terminé.

Modification de la longueur

La méthode la plus simple consiste à ajouter ou enlever la valeur souhaitée parallèlement à la ligne du bas. Dans le cas d'une coupe fuselée, cette technique ne peut pas s'appliquer : il faut alors couper le patron ou le plier pour rajouter ou retrancher la valeur nécessaire, puis retracer les lignes des côtés.

Pantalon droit
technique 1

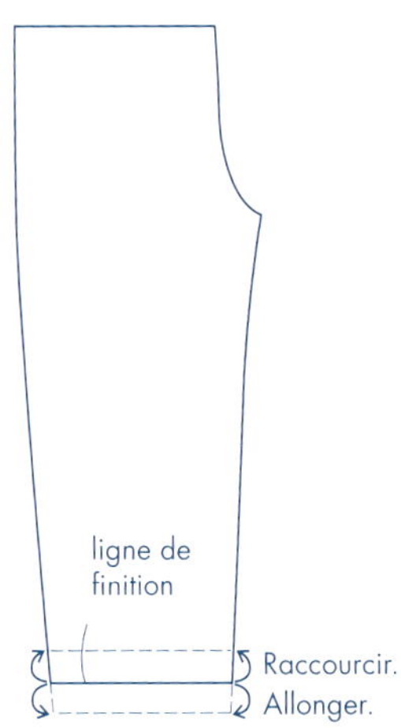

Allonger ou raccourcir parallèlement au bas.

Sans modifier la largeur du bas
technique 2

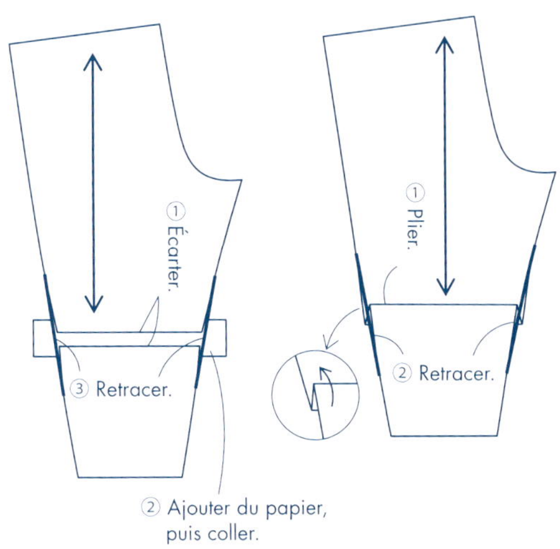

Allonger ou raccourcir au milieu de la jambe.

Toile thermocollante

Si la toile thermocollante doit être fixée sur la totalité d'une pièce, la couper plus grande que celle-ci. La poser sur l'envers du tissu, puis repasser sans faire glisser le fer. Si la toile n'est appliquée que sur une partie d'une pièce, la couper aux dimensions indiquées et la fixer sur l'envers du tissu de la même façon. Laisser refroidir complètement.

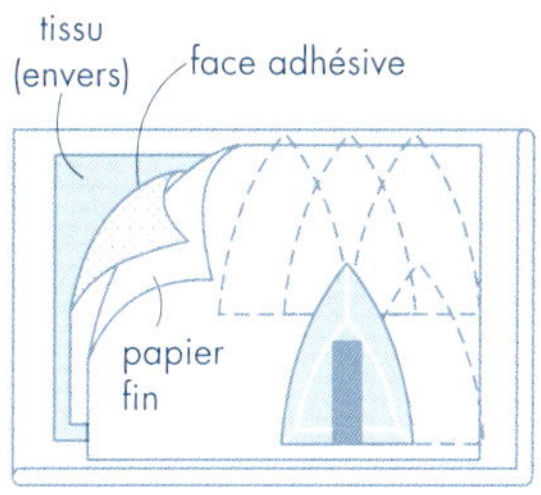

Points d'arrêt

Réaliser des points d'arrêt au début et à la fin de la couture pour la consolider.

Finitions des marges de couture

Marges rabattues sur un côté

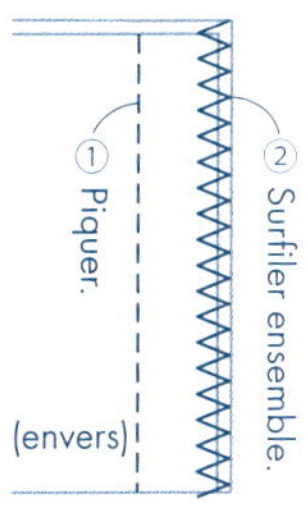

Piquer les 2 pièces, endroit contre endroit. Surfiler les 2 marges de couture ensemble.

↓

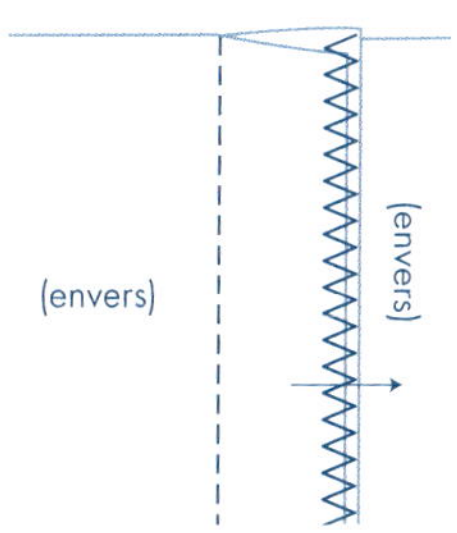

Rabattre les marges de couture sur un côté.

Marges ouvertes

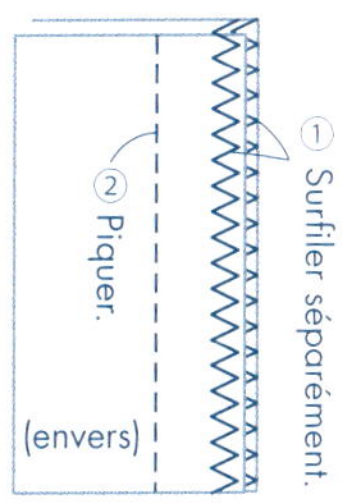

Surfiler séparément les marges de couture. Piquer les 2 pièces, endroit contre endroit.

↓

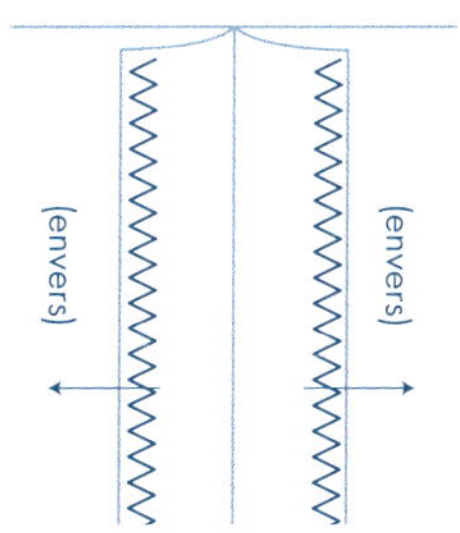

Ouvrir la couture.

Assemblage des pièces et pliage du tissu

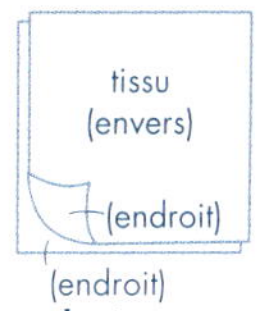

Endroit contre endroit

Disposer l'endroit des pièces à l'intérieur.

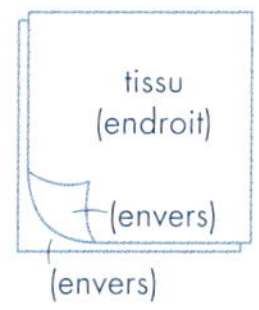

Envers contre envers

Disposer l'envers des pièces à l'intérieur.

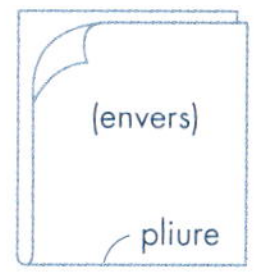

Plier.

Plier le tissu en 2.

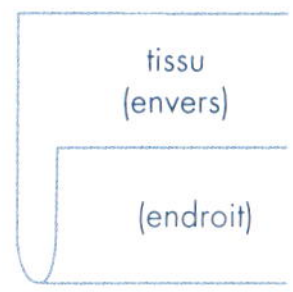

Plier en 2.

Plier le bord du tissu 1 fois.

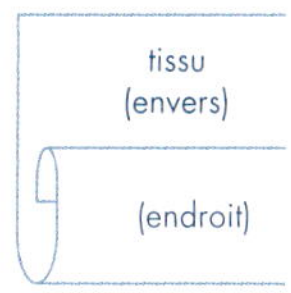

Plier en 3.

Plier le bord du tissu 2 fois.

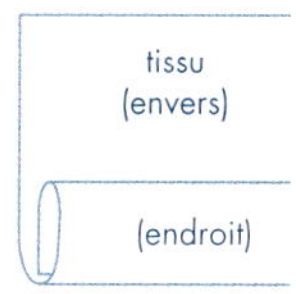

Plier en 3, à parts égales.

Plier le bord du tissu 2 fois sur une même largeur.

Plis

Ramener le ou les points A' sur A, comme illustré.

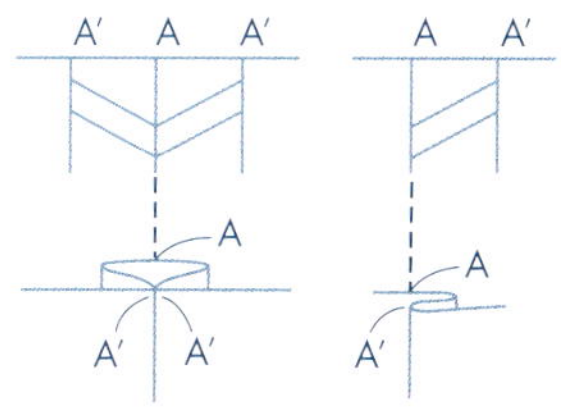

Fronces

Piquer 2 lignes à longs points de chaque côté de la ligne de couture. Tirer les fils supérieurs pour froncer (voir p. 24). Il est possible de piquer ces 2 lignes dans la marge de couture.

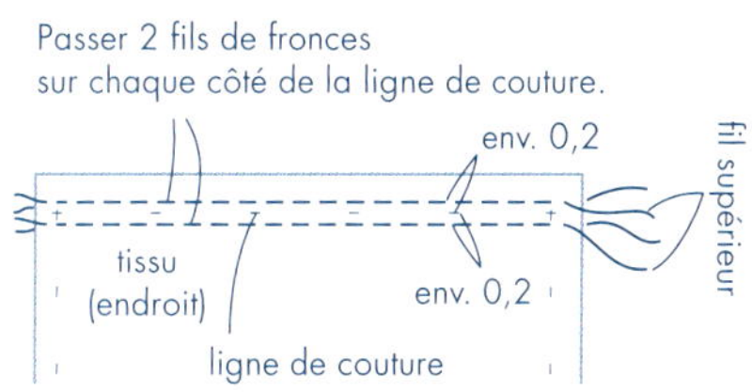

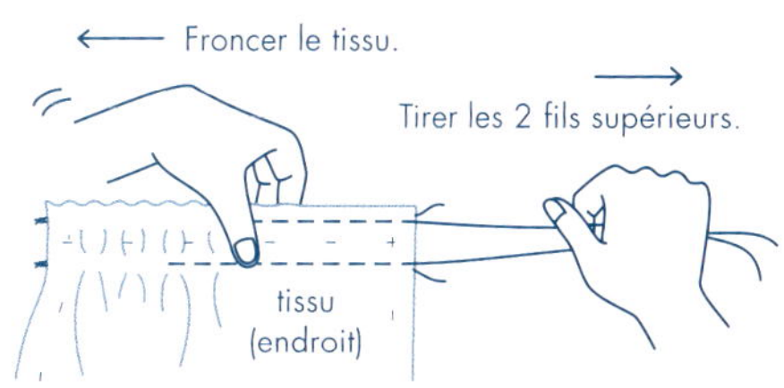

A-2 Pantalon droit avec piqûres décoratives

→ p. 4

Patrons : encart face A

Fournitures ※ Les mesures correspondent, de gauche à droite, aux tailles 90/100/110/120/130/140/150.

148 x 65/70/75/80/90/95/100 cm de coton chino beige
100 x 25/25/25/25/30/30/30 cm de coton bleu clair à rayures blanches
44/46/48,5/51/54/56,5/59,5 cm d'élastique de 3 cm de large
1 bouton décoratif de ø 2 cm

Dimensions

Longueur : 53/57/63/69/75/81/87 cm

Réalisation

1. Coudre les poches avant.
2. Coudre les poches arrière.
3. Piquer la fourche du devant.
4. Piquer la fourche du dos.
5. Assembler les côtés.
6. Piquer l'entrejambe.
7. Coudre la ceinture.
8. Ourler le bas.
9. Insérer l'élastique.
10. Coudre le bouton décoratif.

Plans de coupe

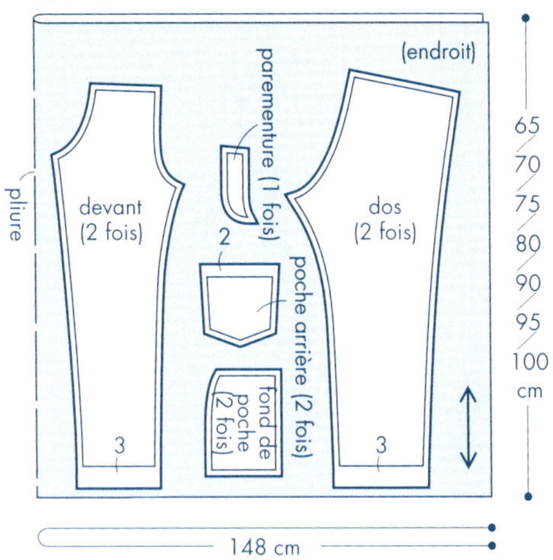

※ Les mesures correspondent, de haut en bas, aux tailles 90/100/110/120/130/140/150.

※ La marge de couture est de 1 cm sauf indication contraire.

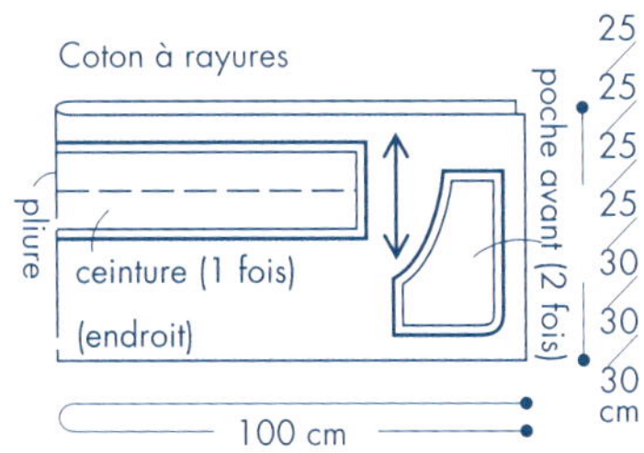

※ Les mesures correspondent, de haut en bas, aux tailles 90/100/110/120/130/140/150.

Réalisation

1 Coudre les poches avant.

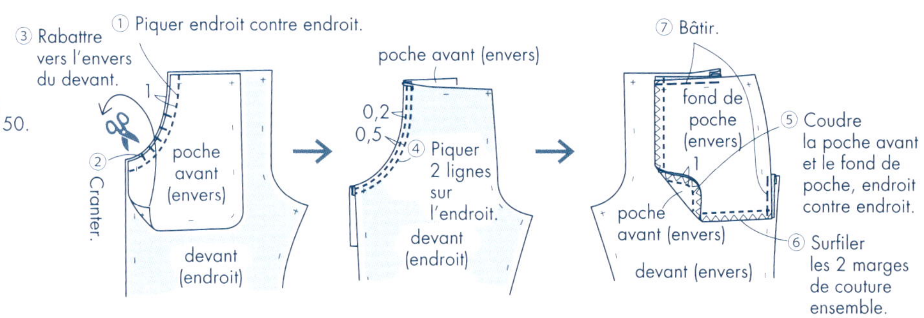

2 Coudre les poches arrière.

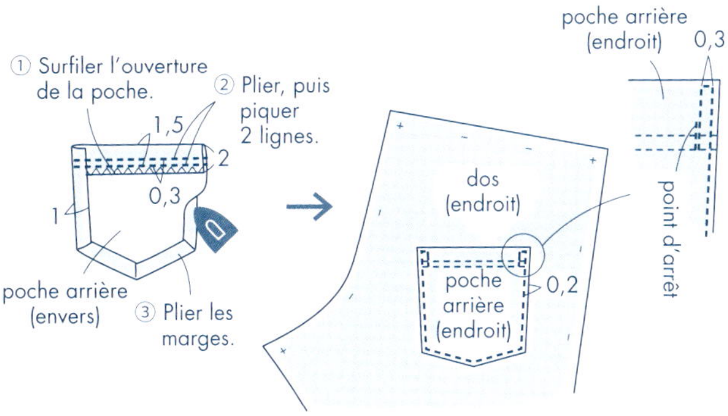

3 Piquer la fourche du devant.

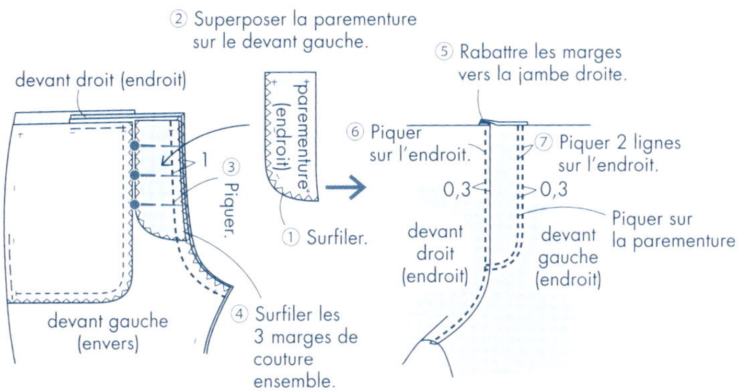

4 Piquer la fourche du dos.

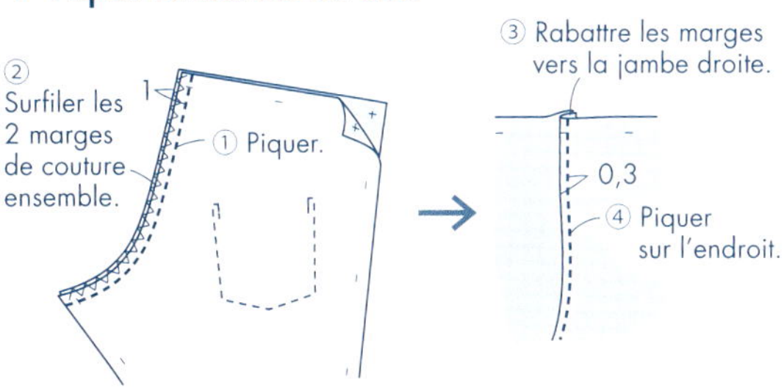

5 Assembler les côtés.

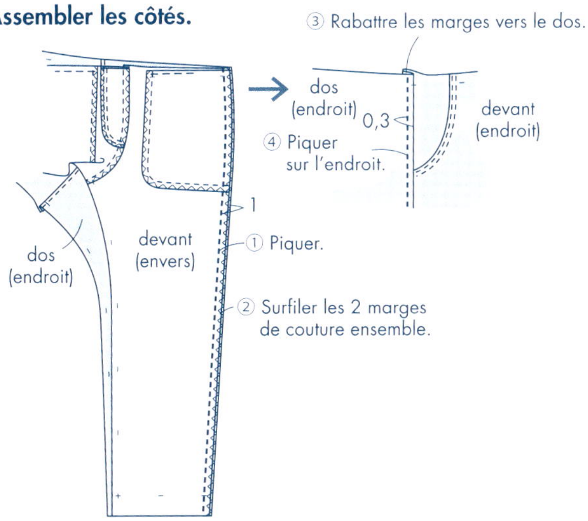

6 Piquer l'entrejambe.

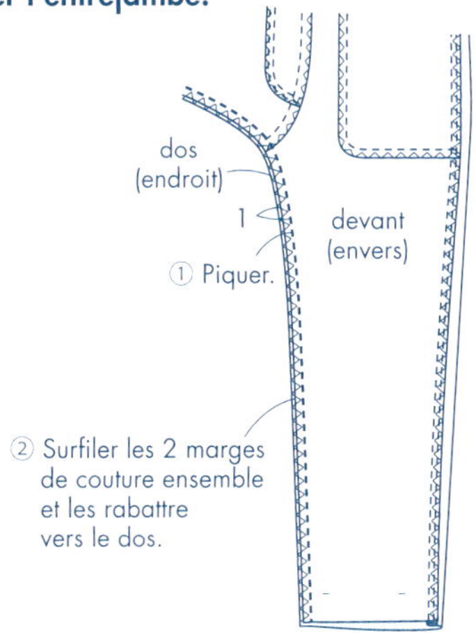

7 Coudre la ceinture.

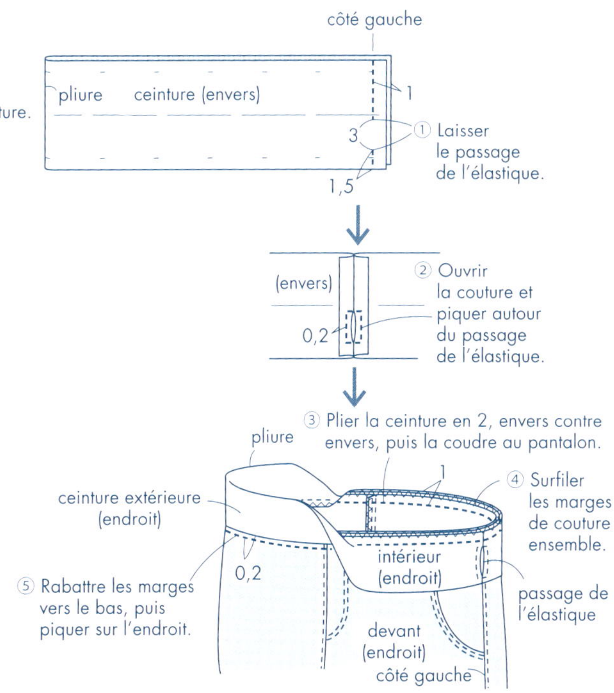

8 Ourler le bas.

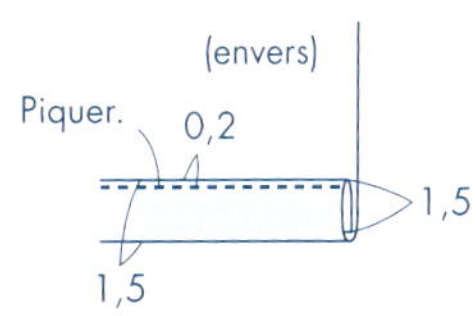

9 Insérer l'élastique.

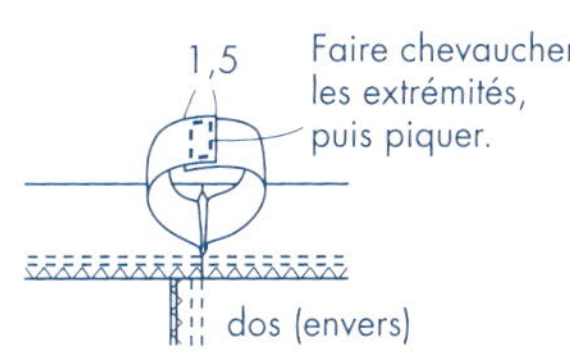

10 Coudre le bouton décoratif.

A-1 Pantalon droit avec piqûres simples

→ p. 4

Patrons : encart face A

Fournitures ※ Les mesures correspondent, de gauche à droite, aux tailles 90/100/110/120/130/140/150.

125 x 80/85/90/95/120/125/130 cm de coton bleu à fleurs extensible
25 x 40 cm d'oxford bleu clair
44/46/48,5/51/54/56,5/59,5 cm d'élastique de 3 cm de large
1 bouton décoratif de ø 2,2 cm

Dimensions

Longueur : 53/57/63/69/75/81/87 cm

Réalisation ※ Voir p. 44 et 45.

1. Coudre les poches avant.
2. Coudre les poches arrière.
3. Piquer la fourche du devant.
4. Piquer la fourche du dos.
5. Assembler les côtés.
6. Piquer l'entrejambe.
7. Coudre la ceinture.
8. Ourler le bas.
9. Insérer l'élastique.
10. Coudre le bouton décoratif.

Plans de coupe

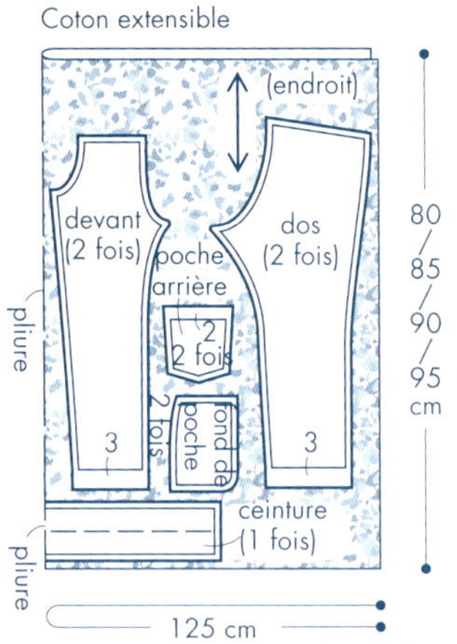

※ Les mesures correspondent, de haut en bas, aux tailles 90/100/110/120.

※ La marge de couture est de 1 cm sauf indication contraire.

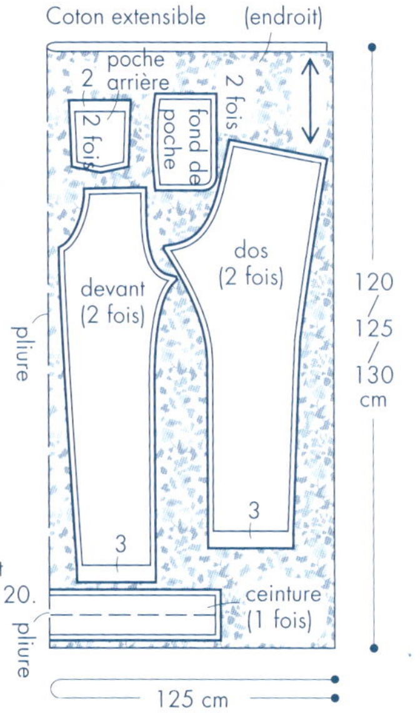

※ Les mesures correspondent, de haut en bas, aux tailles 130/140/150.

※ La marge de couture est de 1 cm sauf indication contraire.

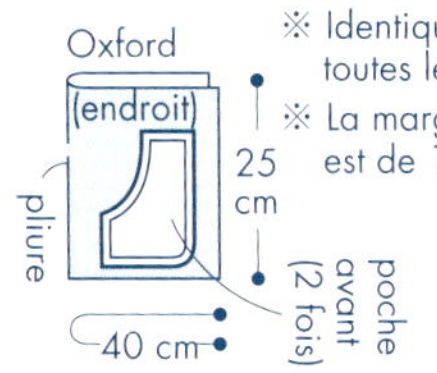

※ Identique pour toutes les tailles.

※ La marge de couture est de 1 cm.

Réalisation

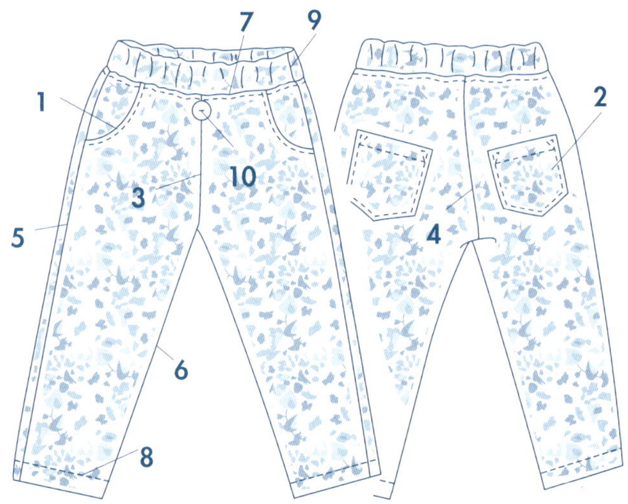

1 Coudre les poches avant.

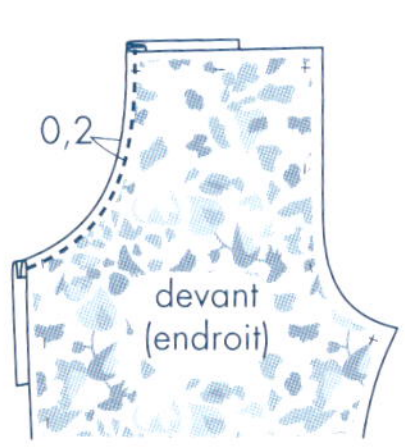

2 Coudre les poches arrière.

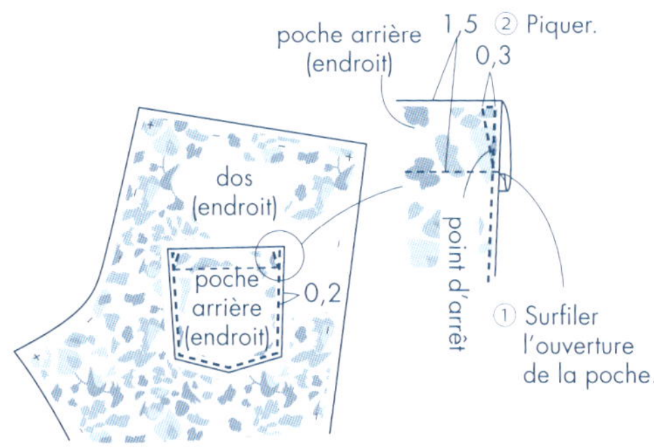

3 Piquer la fourche du devant.

※ Sans parementure ni piqûre décorative.

4 Piquer la fourche du dos.

※ Sans piqûre décorative.

5 Assembler les côtés.

※ Sans piqûre décorative.

6 à 10 étapes identiques à celles du modèle A-2

(Voir p. 45.)

B-2 Short

→ p. 7
Patrons : encart face A

Fournitures ※ Les mesures correspondent, de gauche à droite, aux tailles 90/100/110/120/130/140/150.

108 x 70/75/75/80/80/85/90 cm de lin ocre
44/46/48,5/51/54/56,5/59,5 cm d'élastique de 2 cm de large
Toile thermocollante
2 boutons décoratifs de ø 1,8 cm

Dimensions

Longueur : env. 22/24/25,5/29/31,5/34/36,5 cm

Réalisation

1. Coudre les poches avant.
2. Coudre les poches arrière (voir p. 10-4).
3. Piquer les côtés, l'entrejambe et la fourche (voir p. 10-6, p. 11-7 et 8).
※ Rabattre les marges de couture de la fourche vers la jambe droite, puis piquer 2 lignes sur l'endroit.
4. Coudre la ceinture (voir p. 11-9).
5. Réaliser les pattes et les bâtir.
6. Ourler le bas.
7. Insérer l'élastique (voir p. 71).

Plan de coupe

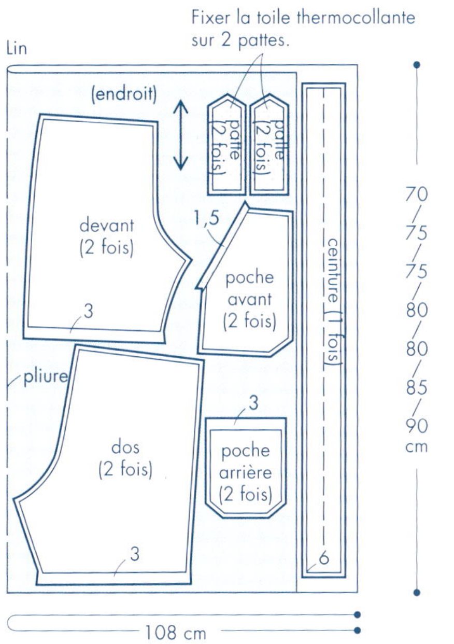

※ Les mesures correspondent, de haut en bas, aux tailles 90/100/110/120/130/140/150.
※ La marge de couture est de 1 cm sauf indication contraire.
※ Fixer la toile thermocollante sur les parties grisées.

Réalisation

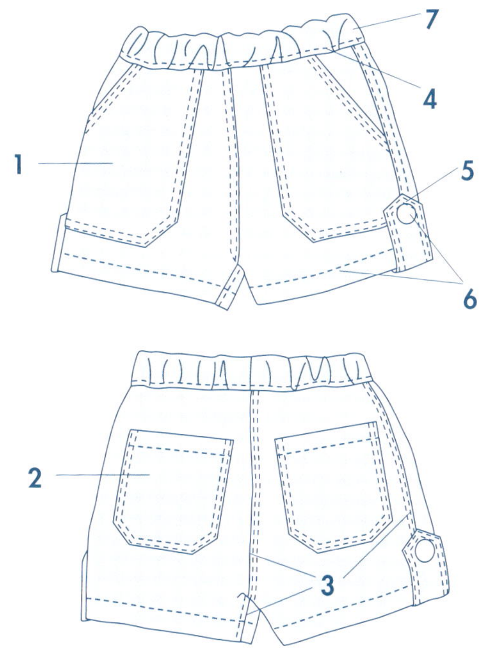

1 Coudre les poches avant.

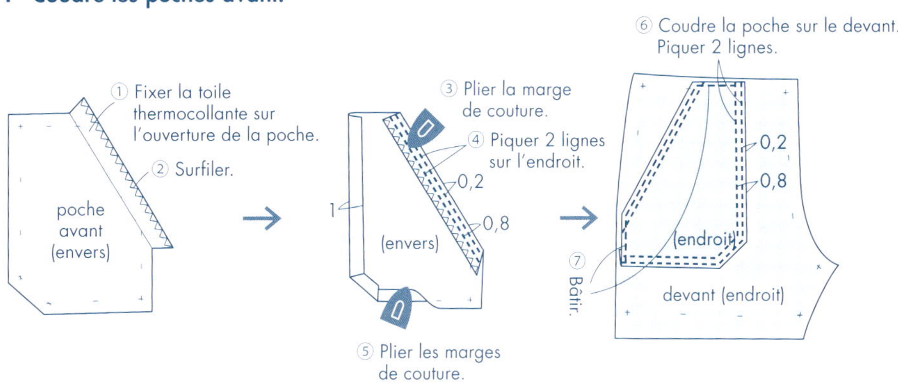

2 Coudre les poches arrière (voir p. 10-4).

3 Piquer les côtés, l'entrejambe et la fourche (voir p. 10-6, p. 11-7 et 8).

※ Rabattre les marges de couture de la fourche vers la jambe droite, puis piquer 2 lignes sur l'endroit.

4 Coudre la ceinture.

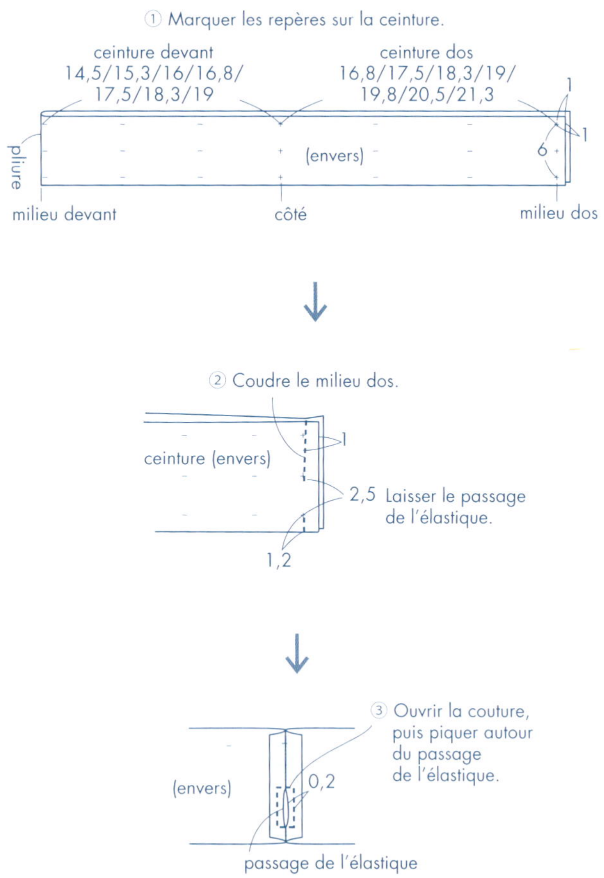

Coudre la ceinture sur le pantalon (voir p. 11-9).

5 Réaliser les pattes et les bâtir.

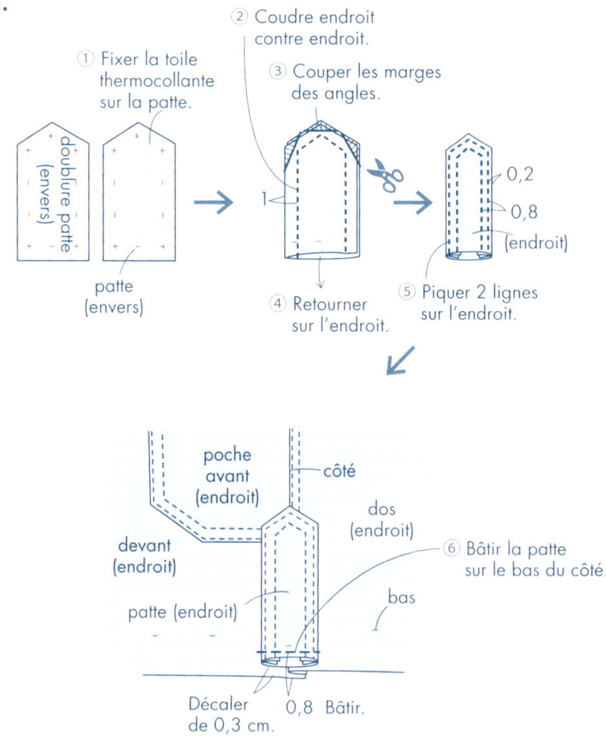

6 Ourler le bas.

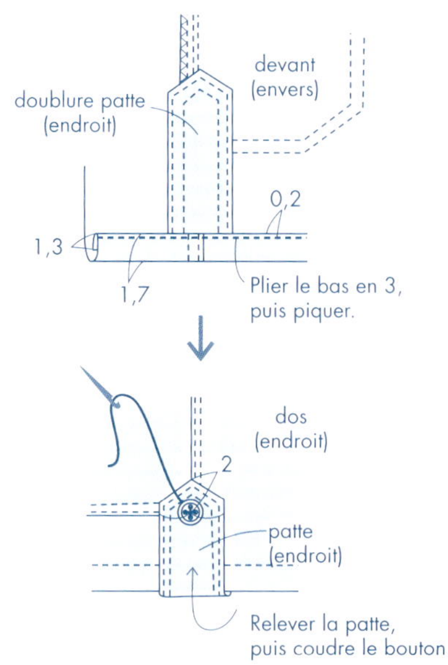

※ Donner un peu d'aisance sur la patte.

7 Insérer l'élastique (voir p. 71).

C-2 Bloomer mi-long

→ p. 13

Patrons : encart face B

Fournitures ※ Les mesures correspondent, de gauche à droite, aux tailles 90/100/110/120/130.

130 x 60/60/60/80/90 cm de lin marron foncé
72/75/78/81/83 cm de gros-grain de 3 cm de large
20 cm de gros-grain de 2,5 cm de large
21/22/23/24/25 cm d'élastique de 0,6 cm de large (pour le bas)
※ Préparer 2 pièces.
44/46/48,5/51/54 cm d'élastique de 0,6 cm de large (pour la taille)

Dimensions

Longueur : env. 32,4/33,5/34,5/35,5/36,5 cm

Réalisation

1. Réaliser les plis (voir p. 50).
2. Coudre les poches (voir p. 50).
3. Piquer les côtés et l'entrejambe (voir p. 51).
※ Piquer les côtés jusqu'au bas.
4. Coudre le gros-grain à la taille (voir p. 51).
5. Ourler le bas.
6. Réaliser le nœud et le coudre sur le milieu devant.
7. Insérer les élastiques (voir p. 51).

Plan de coupe

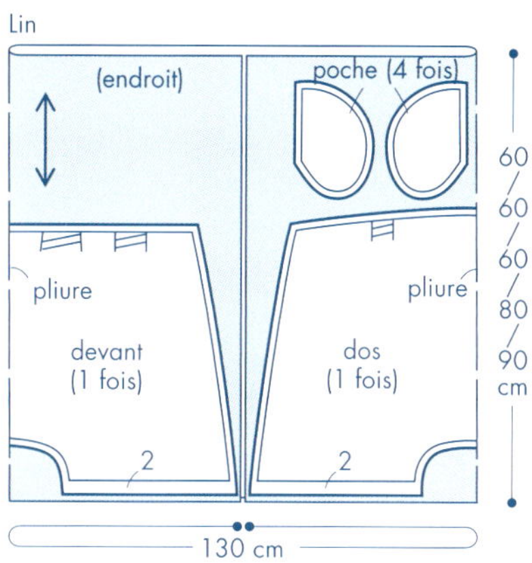

※ Les mesures correspondent, de haut en bas, aux tailles 90/100/110/120/130.
※ La marge de couture est de 1 cm sauf indication contraire.

Réalisation

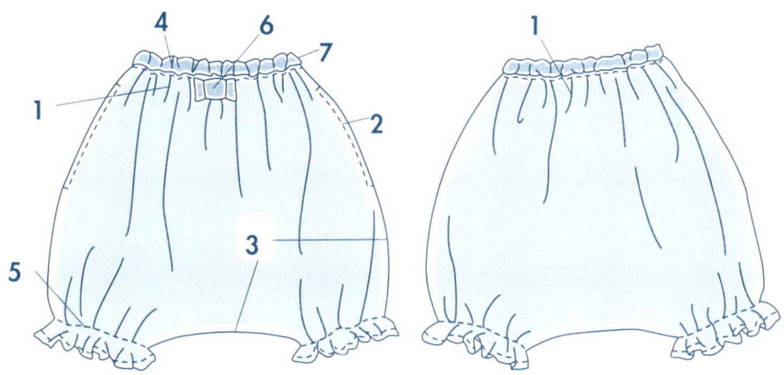

1 Réaliser les plis (voir p. 50).

2 Coudre les poches (voir p. 50).

3 Piquer les côtés et l'entrejambe (voir p. 51).

※ Piquer les côtés jusqu'au bas.

4 Coudre le gros-grain à la taille (voir p. 51).

5 Ourler le bas.

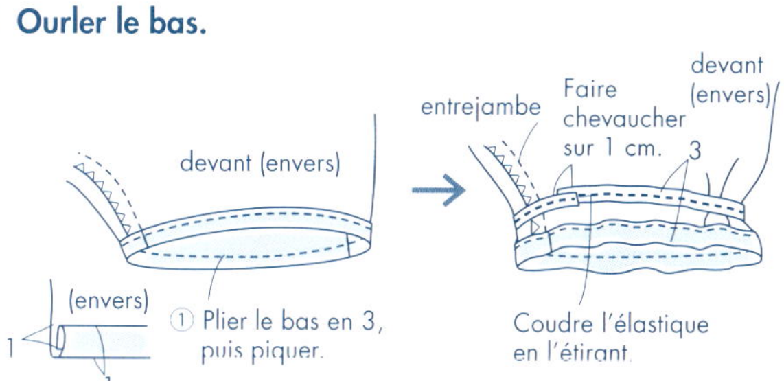

longueur de l'élastique = 21/22/23/24/25 cm

6 Réaliser le nœud et le coudre sur le milieu devant.

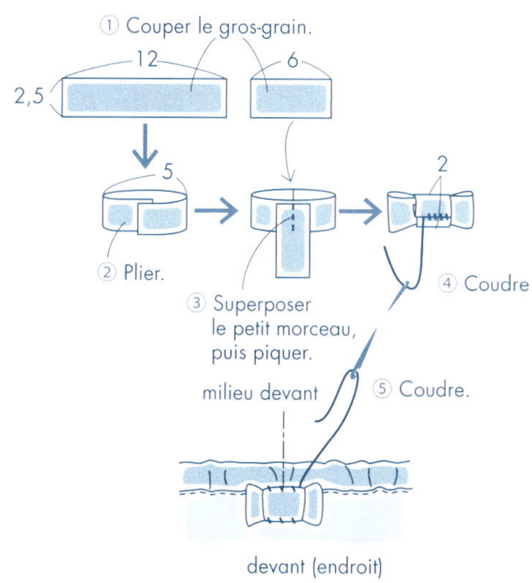

7 Insérer les élastiques (voir p. 51).

C-1 Bloomer court

→ p. 12

Patrons : encart face B

Fournitures ※ Les mesures correspondent, de gauche à droite, aux tailles 90/100/110/120/130.

110 x 60/60/60/70/85 cm de lin bleu
73,5/77,5/80,5/83,5/86,5 cm de gros-grain de 3 cm de large
20 cm de gros-grain de 2,5 cm de large
44/46/48,5/51/54 cm d'élastique de 0,6 cm de large

Dimensions

Longueur : 26/27/28/29/30 cm

Réalisation

1. Réaliser les plis et surfiler les marges de la fente.
2. Réaliser les poches.
3. Assembler les côtés et l'entrejambe.
4. Coudre le gros-grain sur la taille.
5. Ourler le bas.
6. Réaliser le nœud et le coudre sur le milieu devant (voir p. 49).
7. Insérer l'élastique.

Plan de coupe

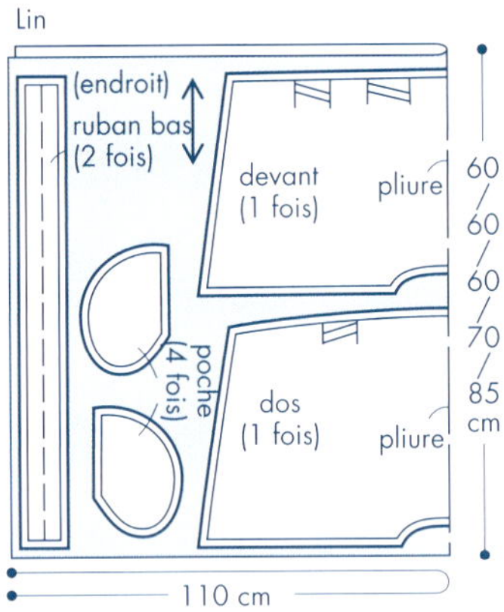

※ Les mesures correspondent, de haut en bas, aux tailles 90/100/110/120/130.
※ La marge de couture est de 1 cm.

Réalisation

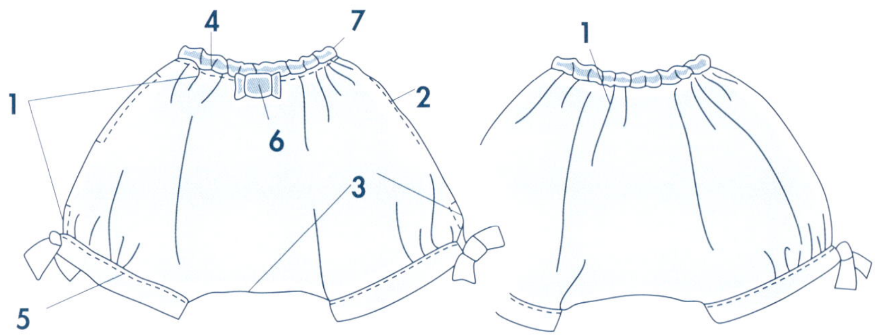

1 Réaliser les plis et surfiler les marges de la fente.

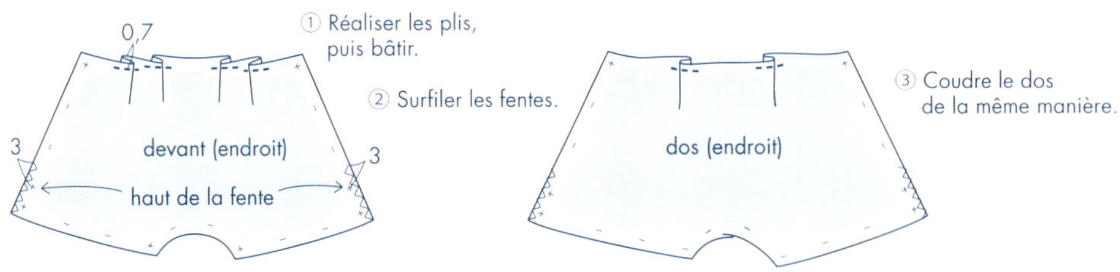

2 Réaliser les poches.

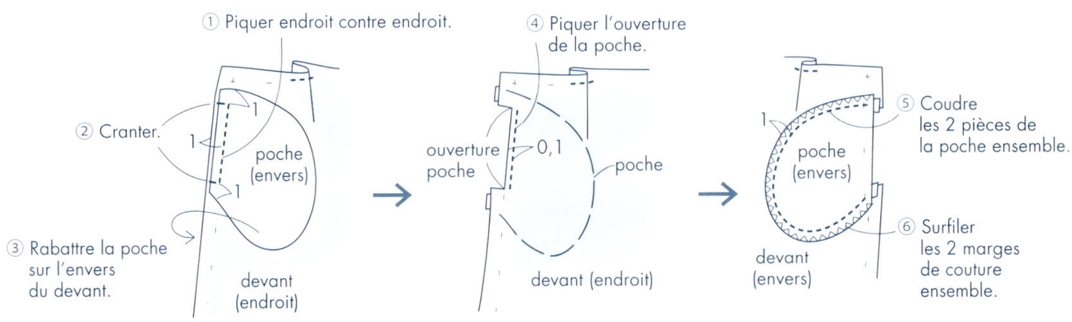

3 Assembler les côtés et l'entrejambe.

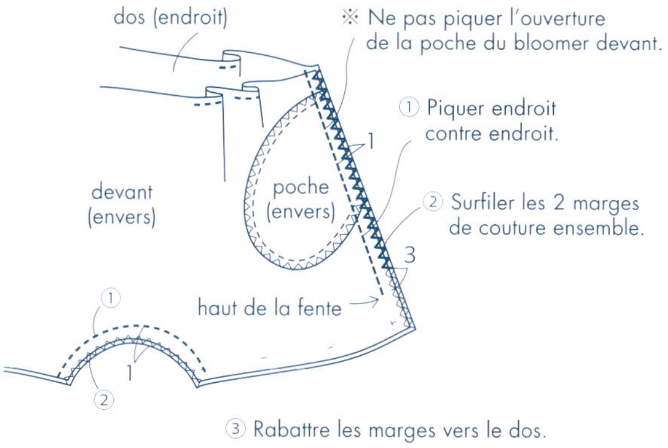

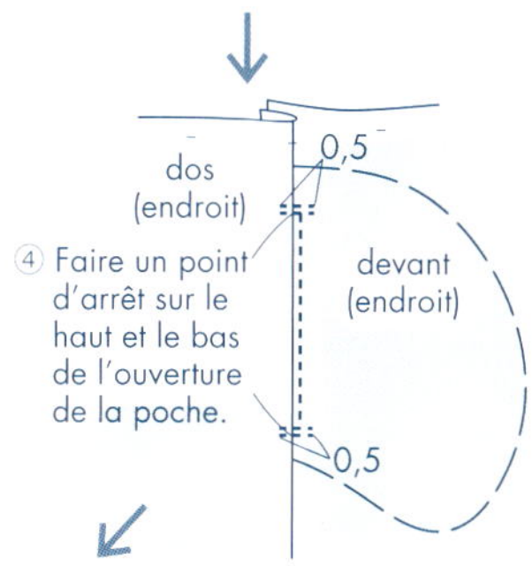

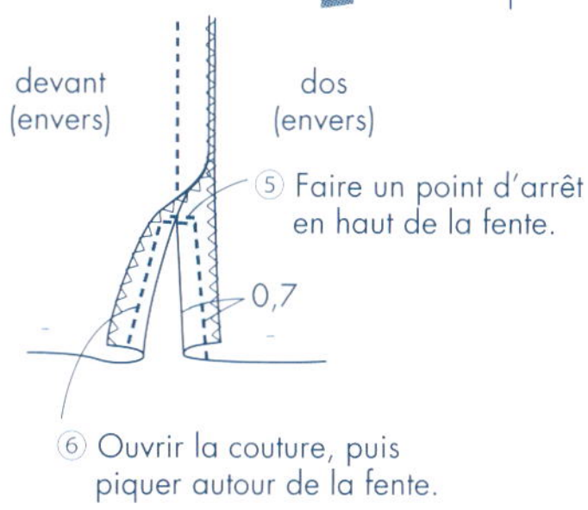

4 Coudre le gros-grain sur la taille.

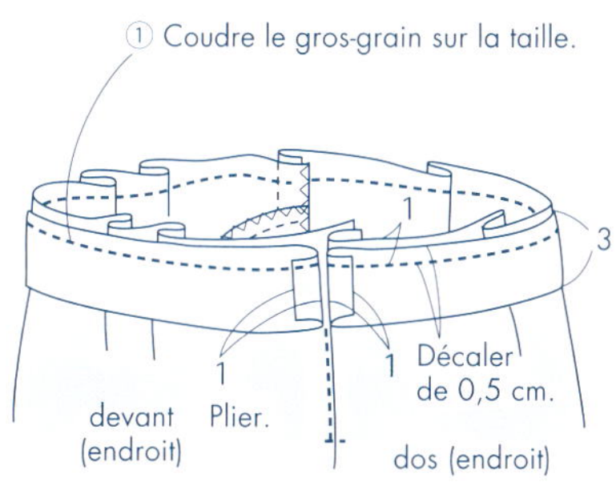

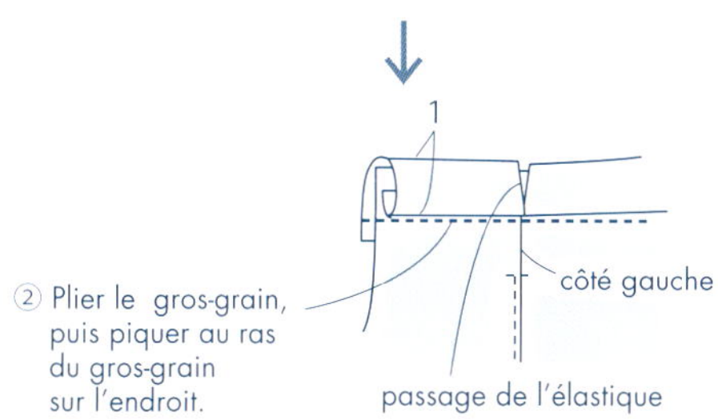

5 Ourler le bas.

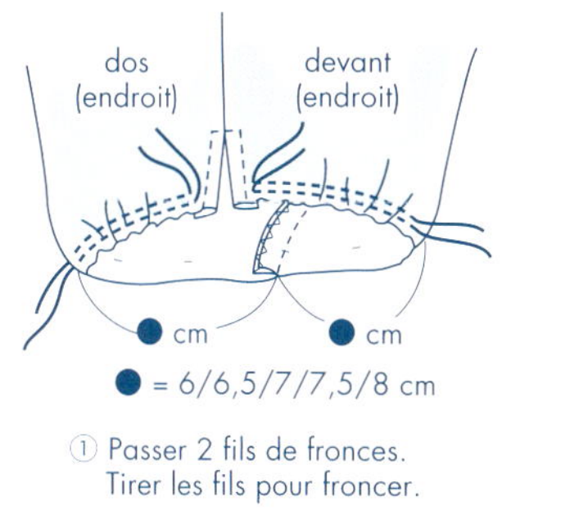

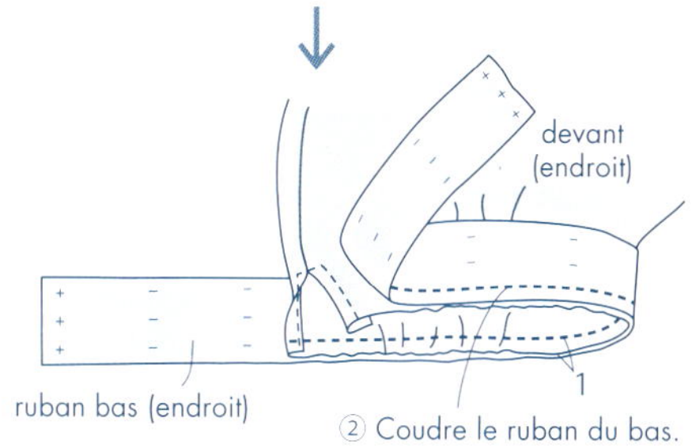

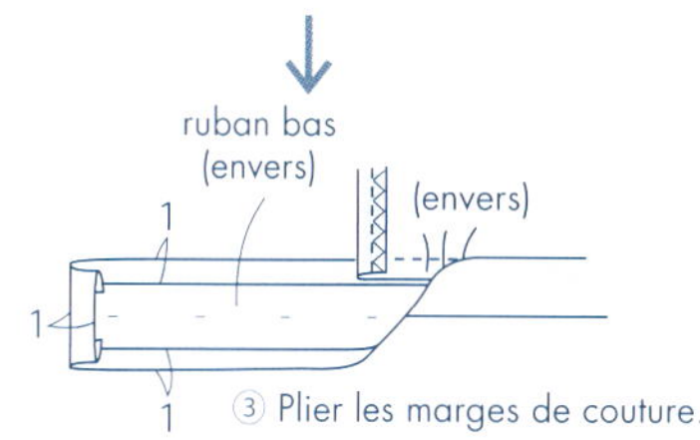

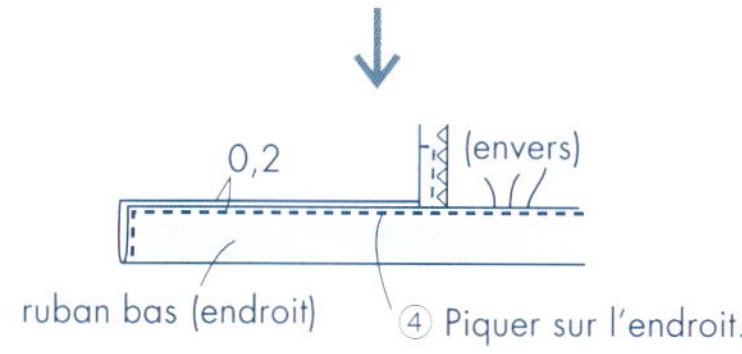

6 Réaliser le nœud et le coudre sur le milieu devant (voir p. 49).

7 Insérer l'élastique.

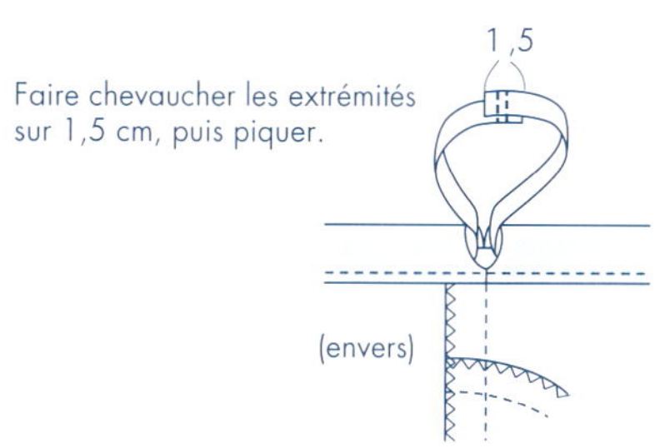

D-1 Short avec ceinture en jersey à carreaux

→ p. 14

Patrons : encart face B

Fournitures

※ Les mesures correspondent, de gauche à droite, aux tailles 90/100/110/120/130.

108 x 40/40/50/60/60 cm de coton à carreaux bleu clair
70 x 20/20/20/40/40 cm de jersey bouclette bleu
10 x 108 cm de coton uni bleu clair
44/46/48,5/51/54 cm d'élastique de 0,5 cm de large
95/95/100/100/105 cm de ruban de 1 cm de large
Toile thermocollante

Réalisation

1. Assembler les côtés.
2. Coudre la fourche.
3. Coudre l'entrejambe (voir p. 57).
4. Réaliser le volant et le bâtir sur le short.
5. Réaliser la ceinture.
6. Coudre la ceinture (voir p. 57).
7. Border le bas avec le biais.
8. Insérer l'élastique et le ruban (voir p. 57).

Dimensions

Longueur : 24,5/26/29/31,5/34 cm

Plans de coupe

Coton à carreaux

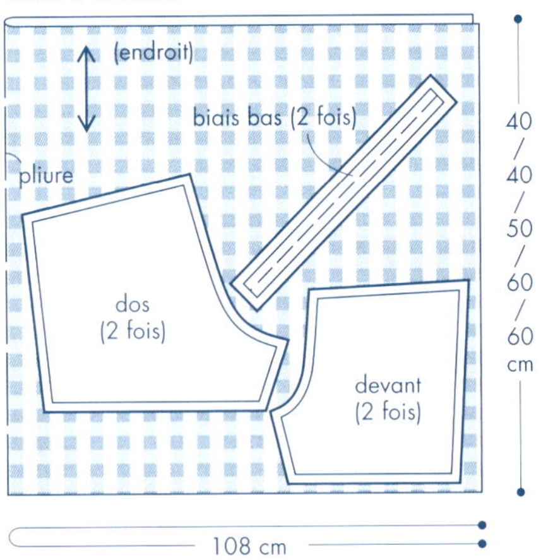

Coton uni

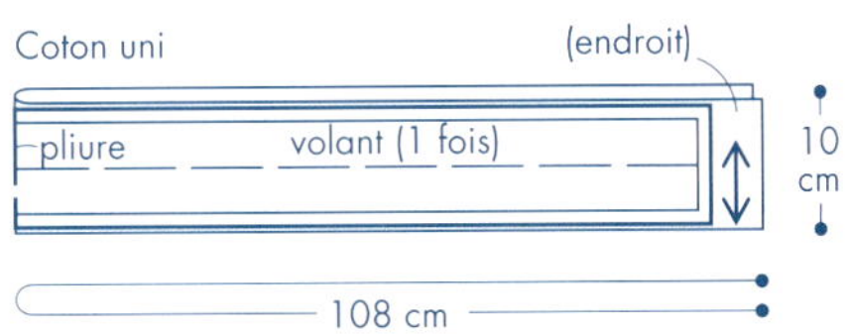

Jersey bouclette

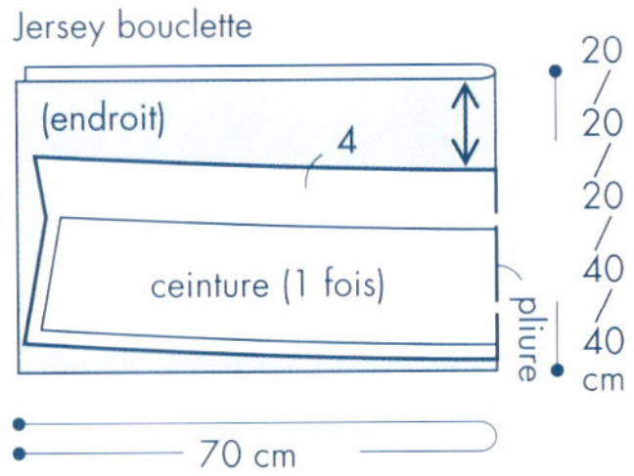

※ Les mesures correspondent, de haut en bas, aux tailles 90/100/110/120/130.
※ La marge de couture est de 1 cm sauf indication contraire.
※ Couper 2 pièces pour la ceinture des tailles 120 et 130. Assembler le milieu dos.

Réalisation

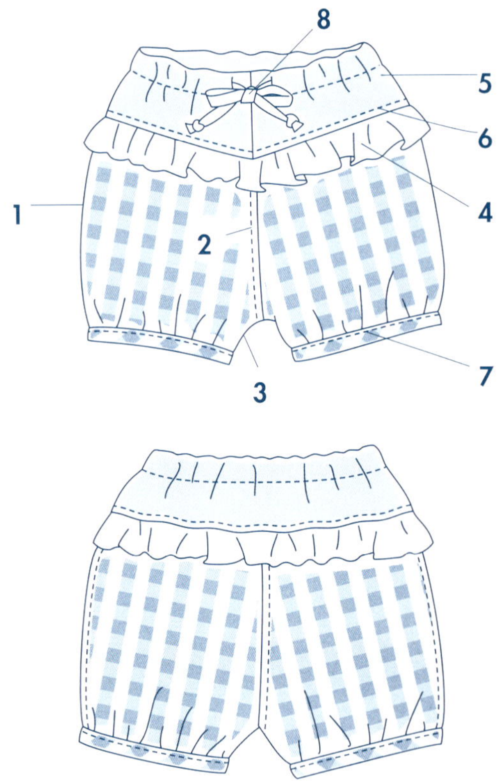

1 Assembler les côtés.

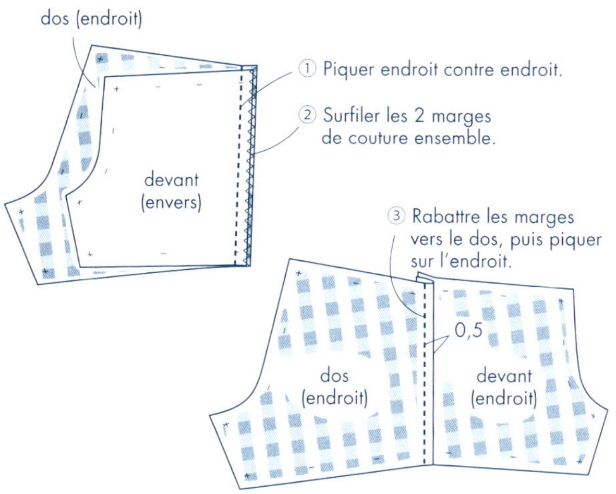

2 Coudre la fourche.

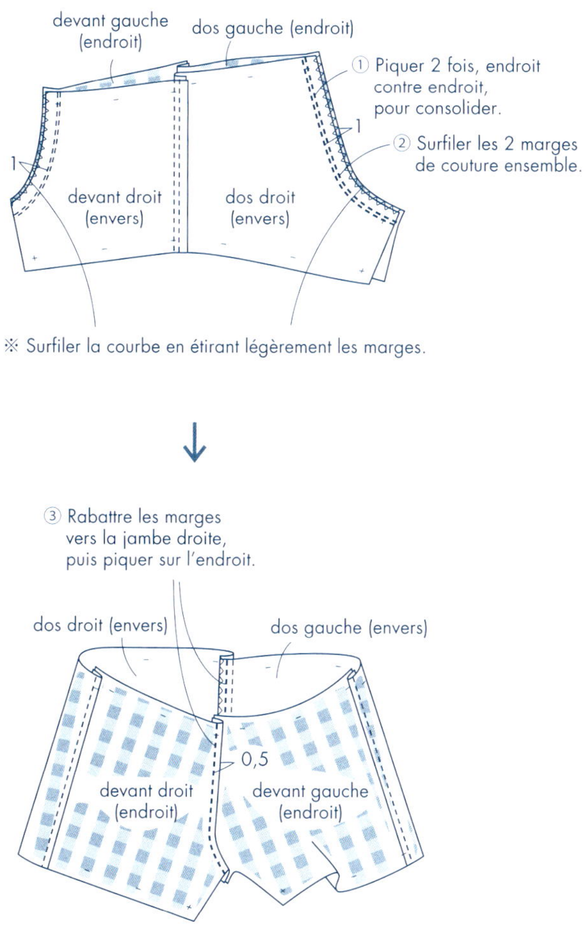

3 Coudre l'entrejambe (voir p. 57).

4 Réaliser le volant et le bâtir sur le short.

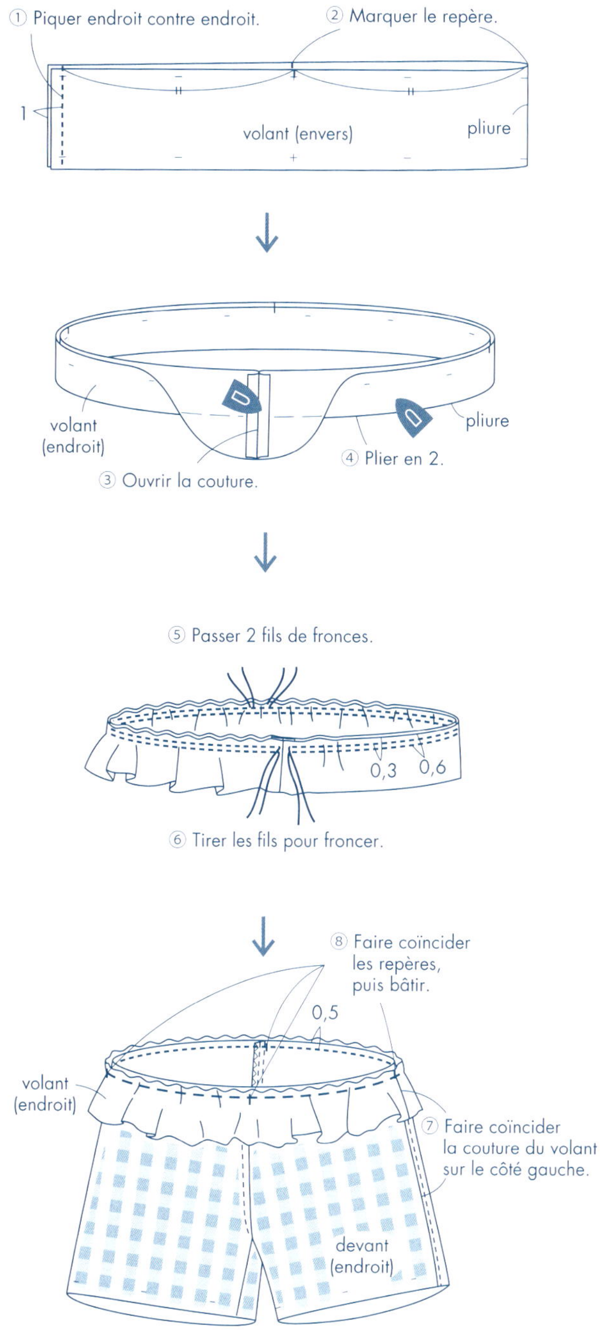

5 Réaliser la ceinture.

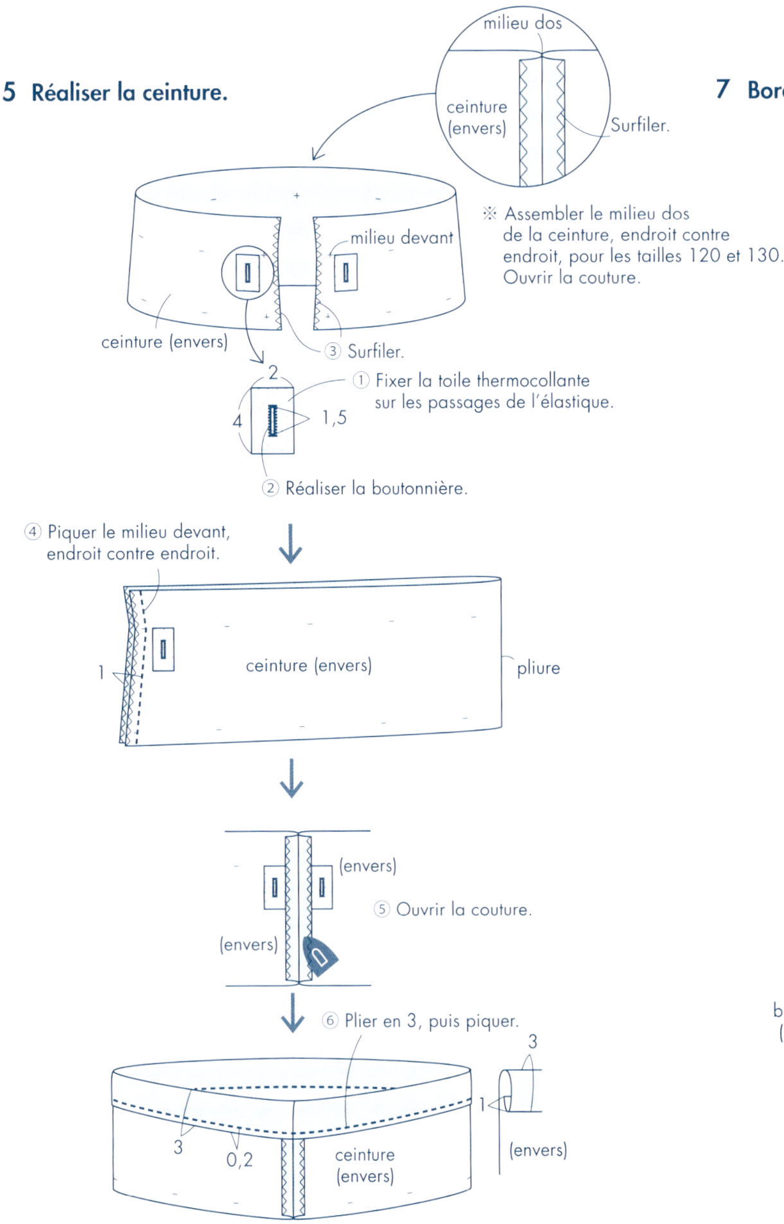

6 Coudre la ceinture (voir p. 57).

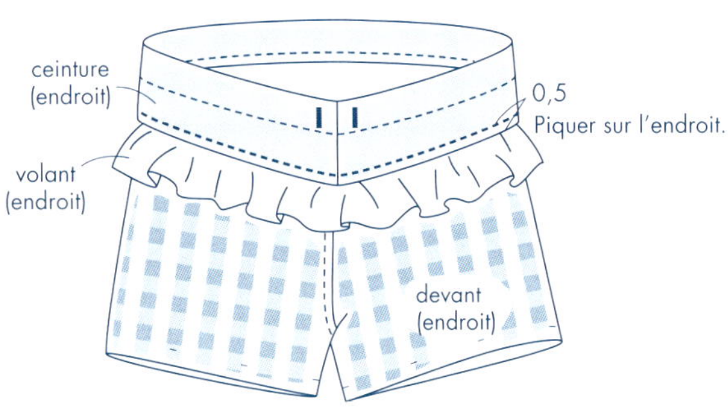

7 Border le bas avec le biais.

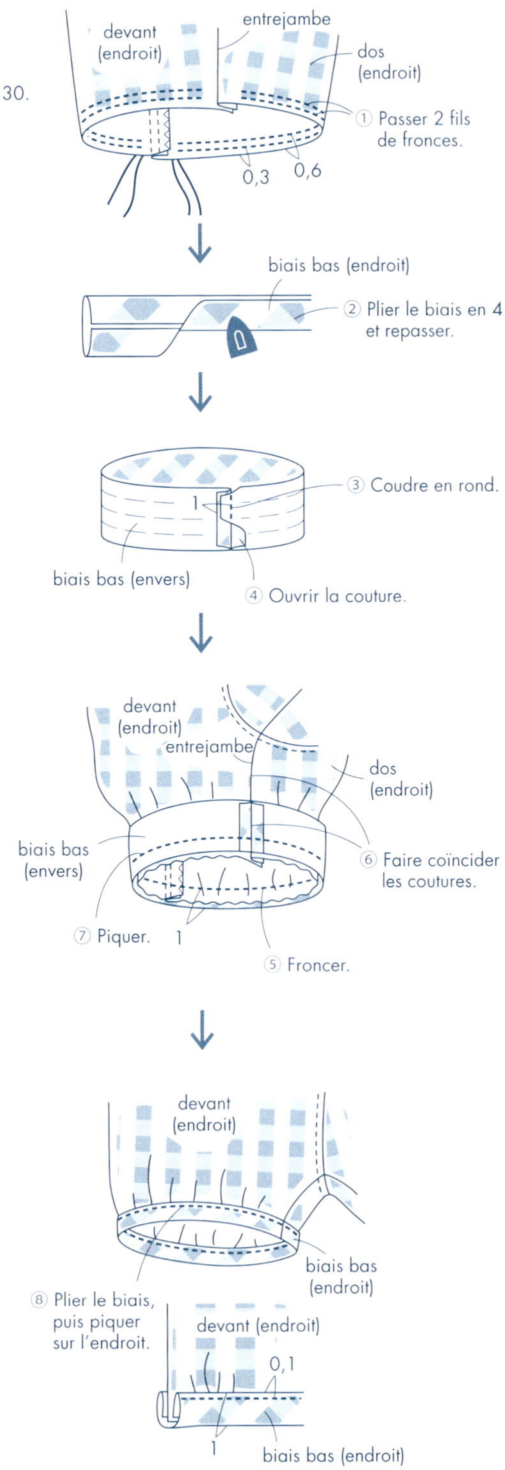

8 Insérer l'élastique et le ruban (voir p. 57).

D-2 Bermuda avec ceinture en jersey rayé

→ p. 14

Patrons : encart face B

Fournitures

※ Les mesures correspondent, de gauche à droite, aux tailles 90/100/110/120/130.

108 x 60/70/70/80/90 cm de coton bleu foncé à rayures
20 x 103 cm de jersey bleu foncé
44/46/48,5/51/54 cm d'élastique de 0,5 cm de large
95/95/100/100/105 cm de cordelette de ø 0,6 cm
Toile thermocollante

Dimensions

Longueur : 39,5/41,5/44/46,5/49 cm

Réalisation

1. Coudre la bande latérale.
2. Coudre la poche arrière.
3. Assembler les côtés.
4. Coudre la poche latérale.
5. Piquer la fourche.
6. Piquer l'entrejambe.
7. Réaliser la ceinture (voir p. 54).
8. Coudre la ceinture.
9. Ourler le bas.
10. Insérer l'élastique et la cordelette.

Plans de coupe

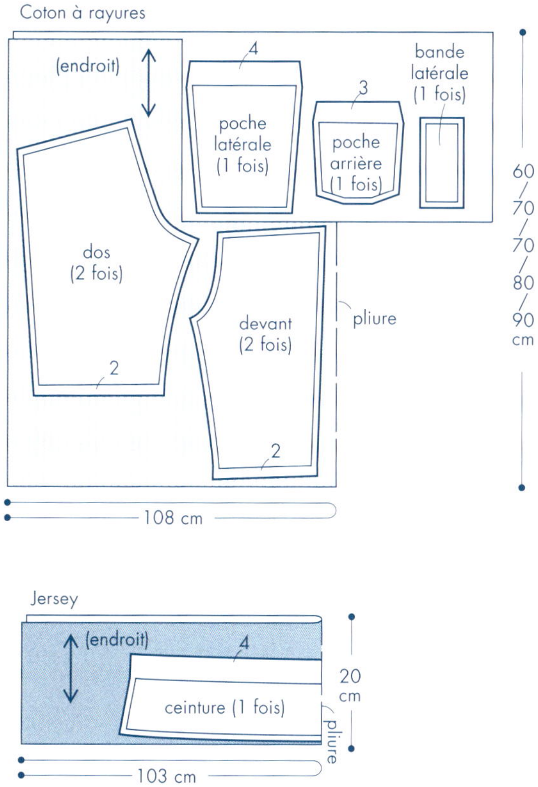

※ Les mesures correspondent, de haut en bas, aux tailles 90/100/110/120/130.
※ La marge de couture est de 1 cm sauf indication contraire.
※ Couper 2 pièces pour la ceinture des tailles 120 et 130. Assembler le milieu dos.

Réalisation

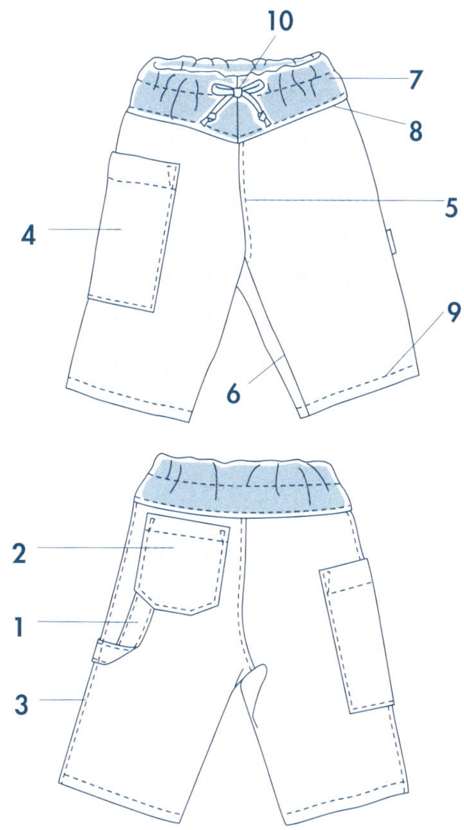

1 Coudre la bande latérale.

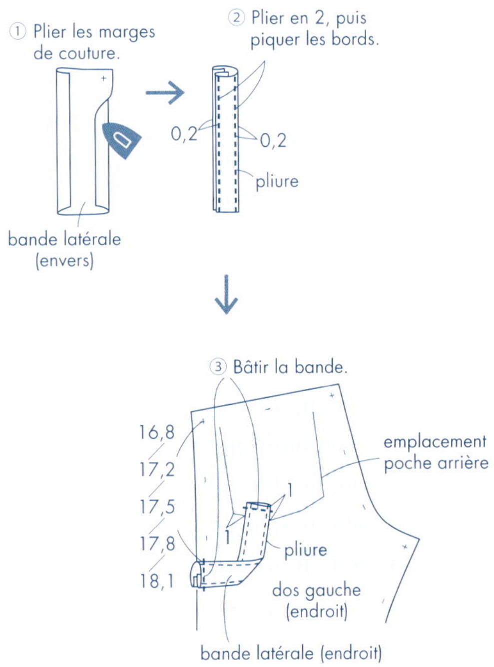

2 Coudre la poche arrière.

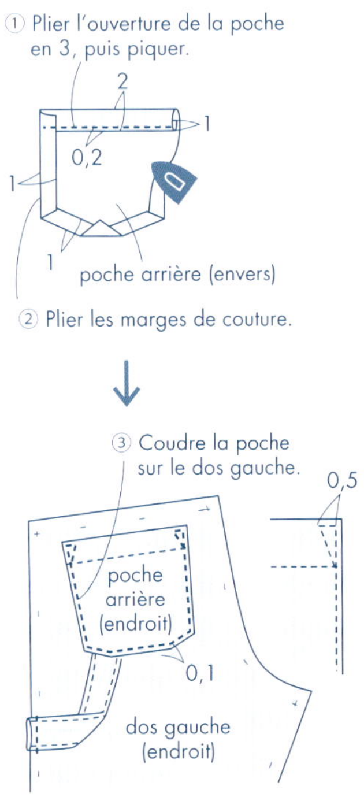

3 Assembler les côtés.

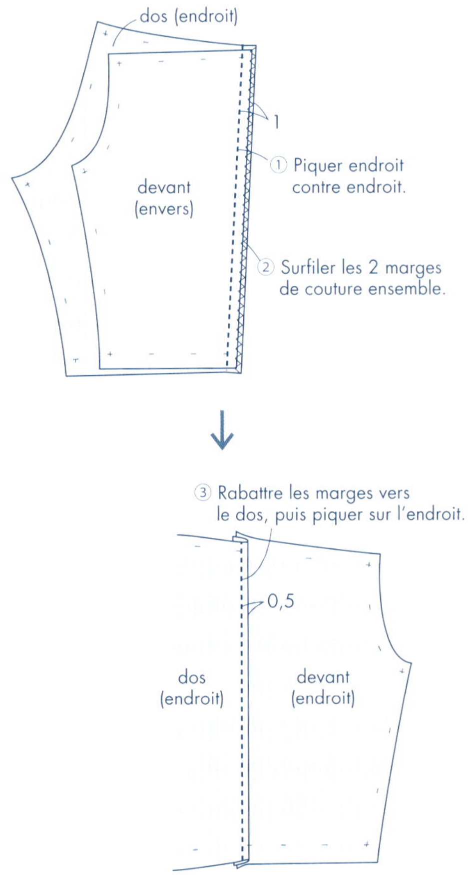

4 Coudre la poche latérale.

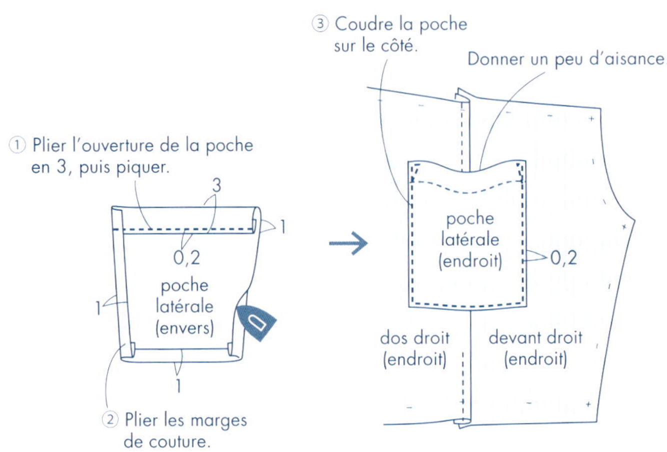

5 Piquer la fourche.

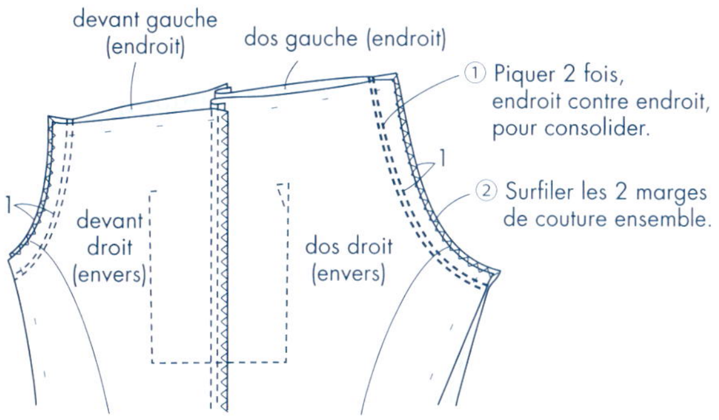

※ Surfiler les courbes en étirant légèrement le tissu.

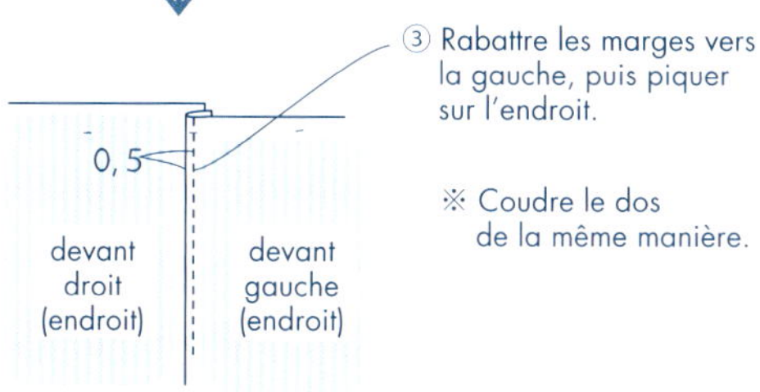

※ Coudre le dos
de la même manière.

6 Piquer l'entrejambe.

7 Réaliser la ceinture (voir p. 54).

8 Coudre la ceinture.

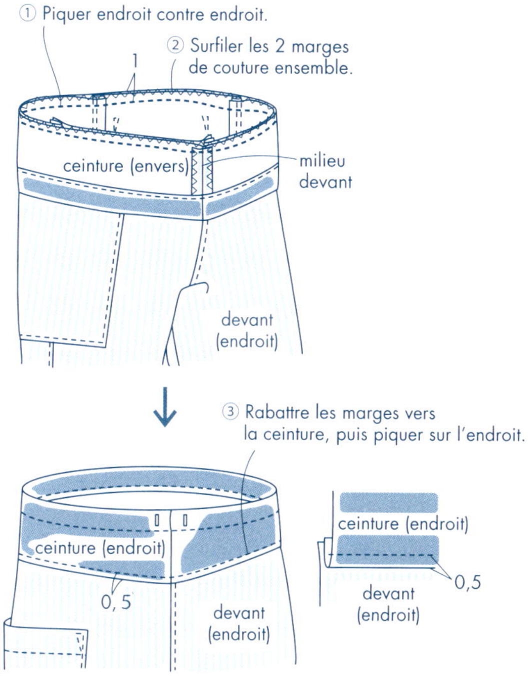

9 Ourler le bas.

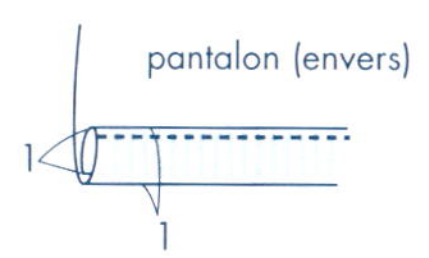

Plier en 3, puis piquer.

10 Insérer l'élastique et la cordelette.

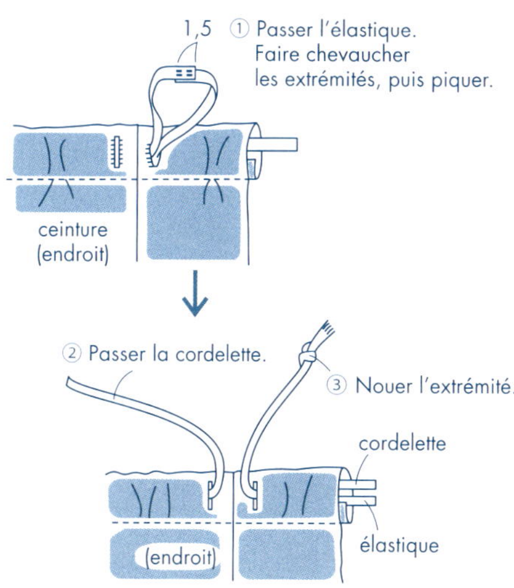

E-1 Pantalon à empiècement avec rabats

→ p. 20

Patrons : encart face B

Fournitures

※ Les mesures correspondent, de gauche à droite, aux tailles 90/100/110/120/130.

110 x 85/90/95/105/120 cm de twill orange
44/46/48,5/51/54 cm d'élastique de 3 cm de large
2 boutons décoratifs de ø 2 cm
1 appliqué de 6 x 7 cm

Dimensions

Longueur : env. 47/51/57/63/69 cm

Réalisation

1. Réaliser le devant.
2. Réaliser les rabats.
3. Insérer les rabats entre le dos et l'empiècement dos. Piquer.
4. Piquer les côtés et l'entrejambe (voir p. 61).
5. Ourler le bas.
6. Coudre la ceinture (voir p. 45).
7. Coudre l'appliqué.
8. Coudre les boutons décoratifs et insérer l'élastique.

Plan de coupe

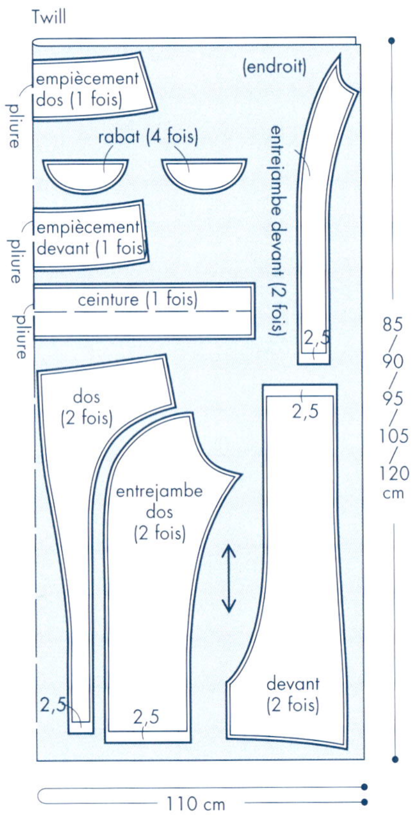

※ Les mesures correspondent, de haut en bas, aux tailles 90/100/110/120/130.
※ La marge de couture est de 1 cm sauf indication contraire.

Réalisation

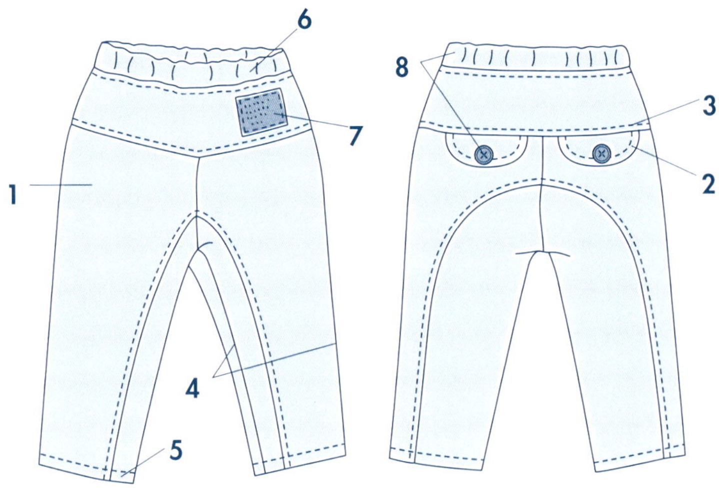

1 Réaliser le devant.

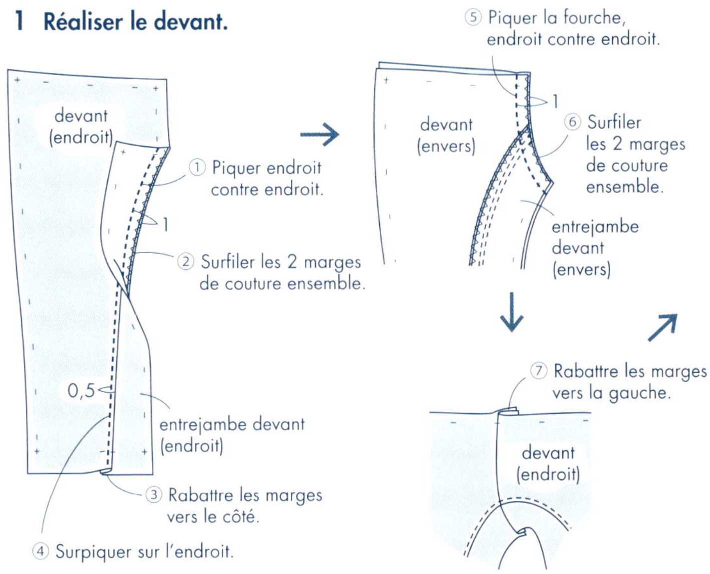

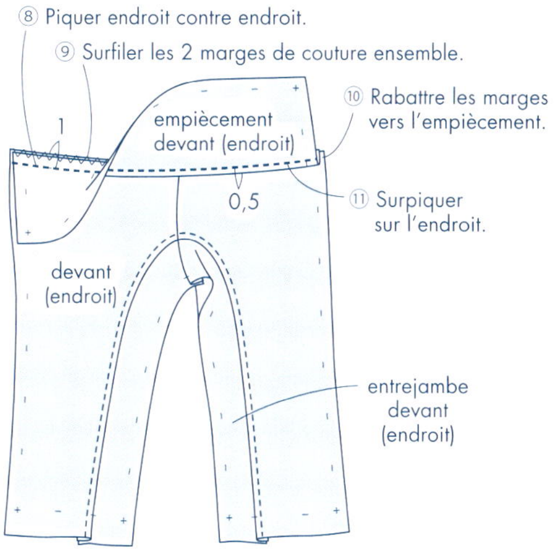

2 Réaliser les rabats.

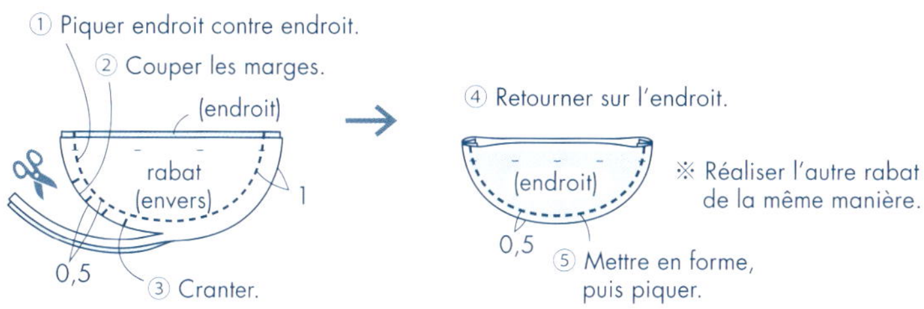

3 Insérer les rabats entre le dos et l'empiècement dos. Piquer.

※ Assembler le dos et l'entrejambe dos de la même manière
que le devant. Rabattre les marges vers la gauche.

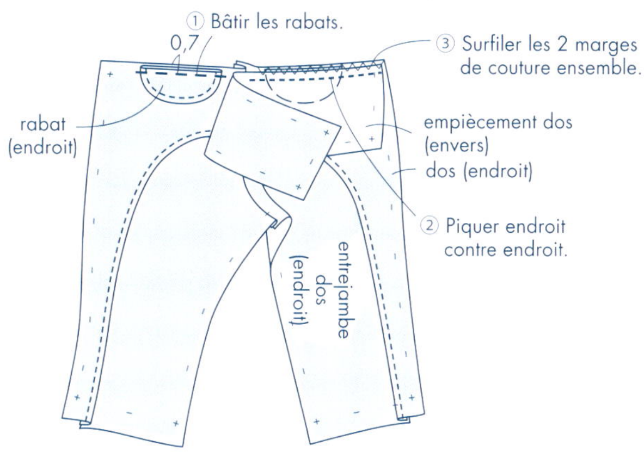

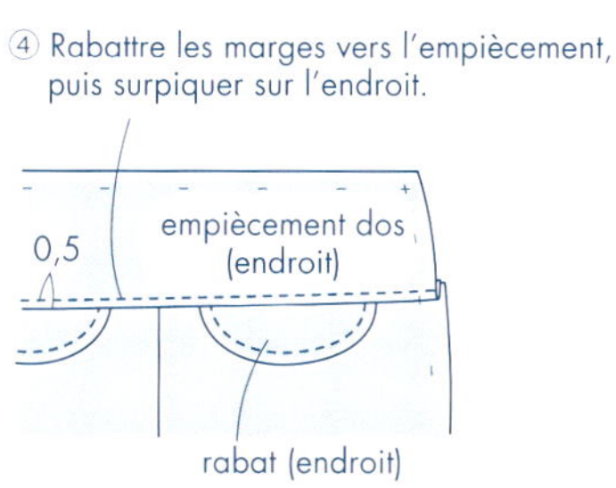

4 Piquer les côtés et l'entrejambe (voir p. 61).

5 Ourler le bas.

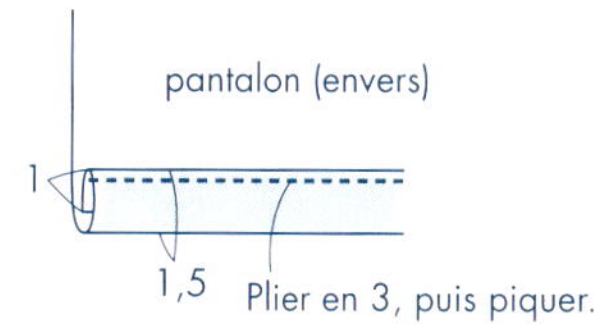

6 Coudre la ceinture (voir p. 45).

7 Coudre l'appliqué.

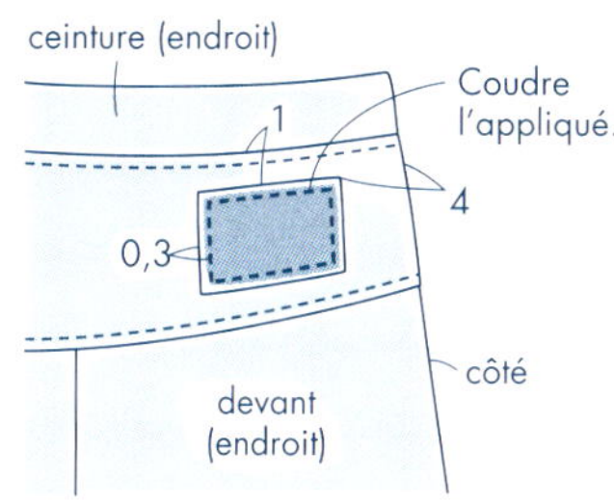

8 Coudre les boutons décoratifs et insérer l'élastique.

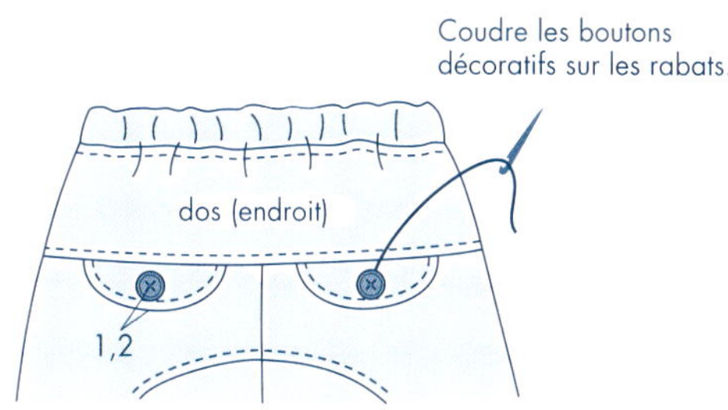

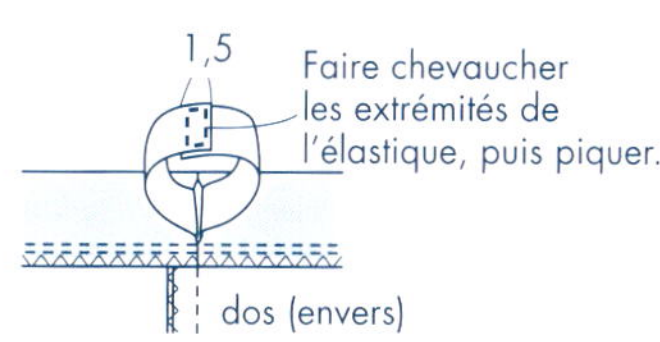

E-2 Pantalon à empiècement avec nœuds

→ p. 21

Patrons : encart face B

Fournitures

※ Les mesures correspondent, de gauche à droite, aux tailles 90/100/110/120/130.

145 x 70/75/80/85/90 cm de denim bleu foncé
10 x 20 cm de coton blanc à rayures bleu foncé
44/46/48,5/51/54 cm d'élastique de 3 cm de large
1 appliqué de 6 x 7 cm

Dimensions

Longueur : env. 47/51/57/63/69 cm

Réalisation

1. Réaliser le devant (voir p. 58).
2. Réaliser les nœuds.
3. Insérer les nœuds entre le dos et l'empiècement dos. Piquer (voir p. 59).
4. Piquer les côtés et l'entrejambe.
5. Ourler le bas (voir p. 59).
6. Coudre la ceinture (voir p. 45).
7. Coudre l'appliqué (voir p. 59).
8. Insérer l'élastique (voir p. 59).

Plans de coupe

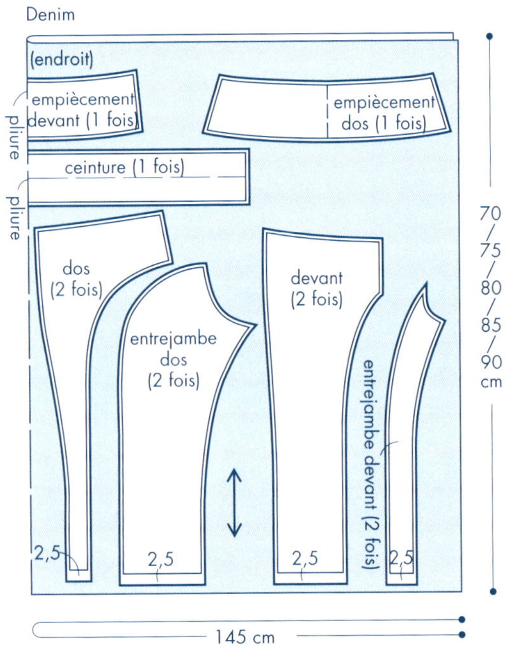

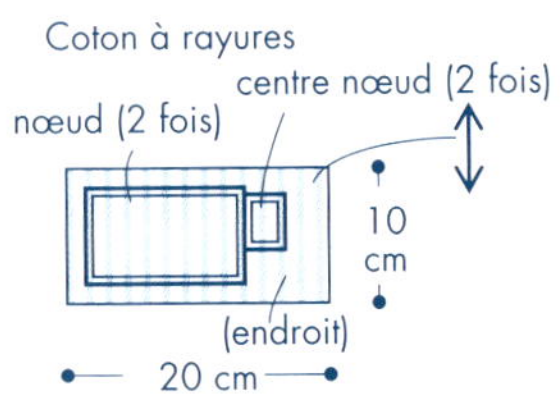

※ Les mesures correspondent, de haut en bas, aux tailles 90/100/110/120/130.
※ La marge de couture est de 1 cm sauf indication contraire.

Réalisation

1 Réaliser le devant (voir p. 58).

2 Réaliser les nœuds.

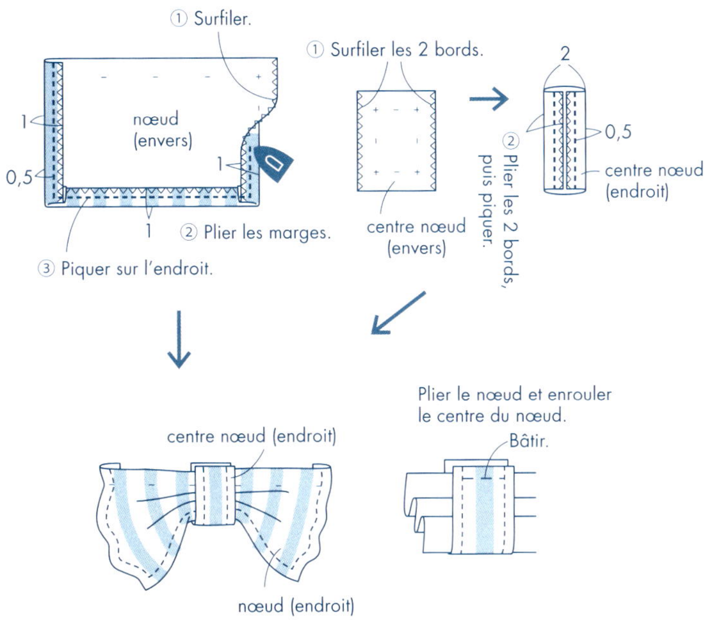

3 Insérer les nœuds entre le dos et l'empiècement dos. Piquer (voir p. 59).

Bâtir les nœuds, puis assembler le dos et l'empiècement dos.

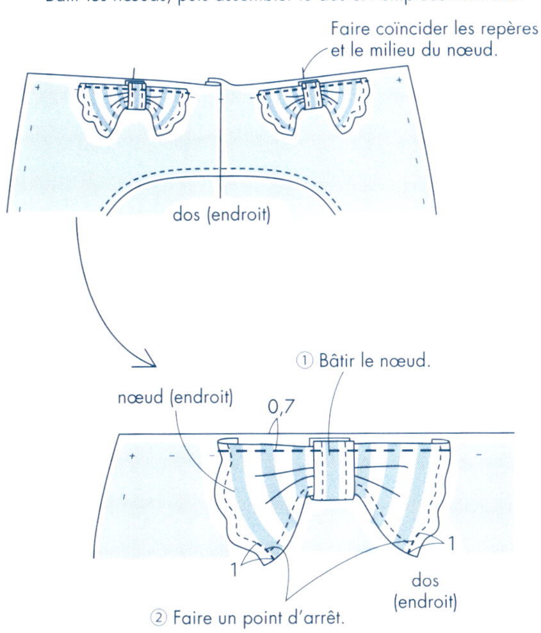

4 Piquer les côtés et l'entrejambe.

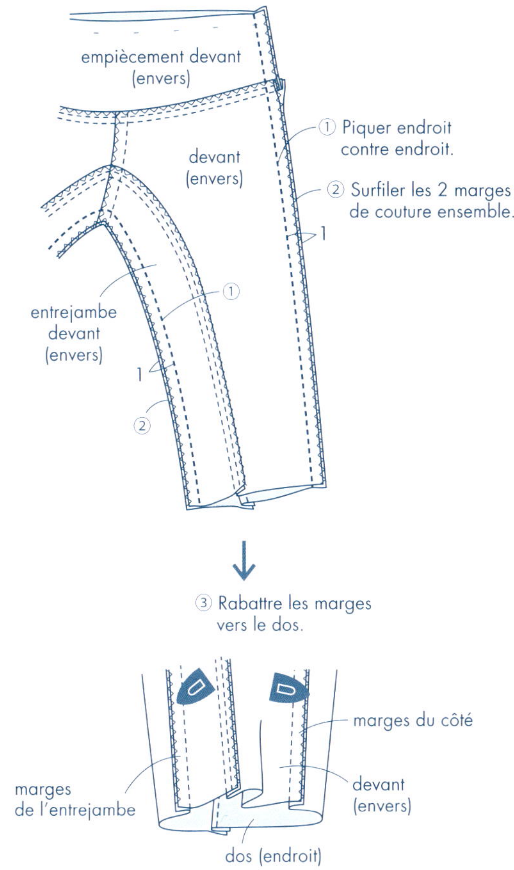

5 Ourler le bas (voir p. 59).

6 Coudre la ceinture (voir p. 45).

7 Coudre l'appliqué (voir p. 59).

8 Insérer l'élastique (voir p. 59).

F-2 Short à volant simple

→ p. 23

Patrons : encart face A

Fournitures ※ Les mesures correspondent, de gauche à droite, aux tailles 90/100/110/120/130.

110 x 80/80/85/85/90 cm de Liberty en velours côtelé rose
43/45/48/51/55 cm d'élastique de 2 cm de large
1 bouton décoratif de ø 1 cm

Dimensions

Longueur : 23,5/24,5/25,5/26,5/27,5 cm

Réalisation

1. Coudre l'entrejambe du volant inférieur.
2. Ourler le bas.
3. Froncer le volant inférieur.
4. Assembler la ceinture et le volant inférieur.
5. Piquer la fourche.
6. Coudre l'élastique en rond.
7. Coudre la taille.
8. Coudre le bouton décoratif.

Plan de coupe

Liberty en velours côtelé

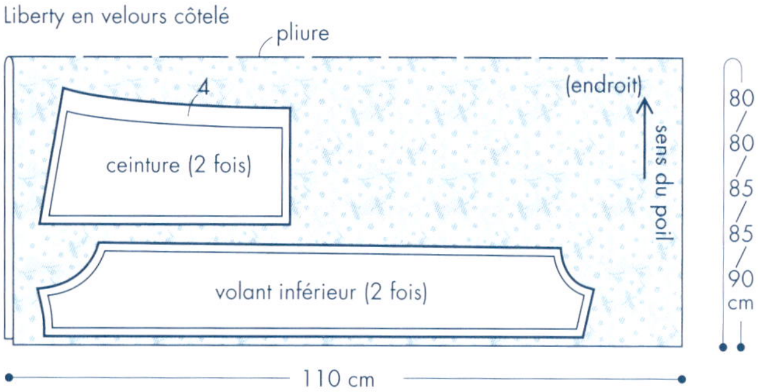

※ Les mesures correspondent, de haut en bas, aux tailles 90/100/110/120/130.
※ La marge de couture est de 1 cm sauf indication contraire.

Réalisation

1 Coudre l'entrejambe du volant inférieur.

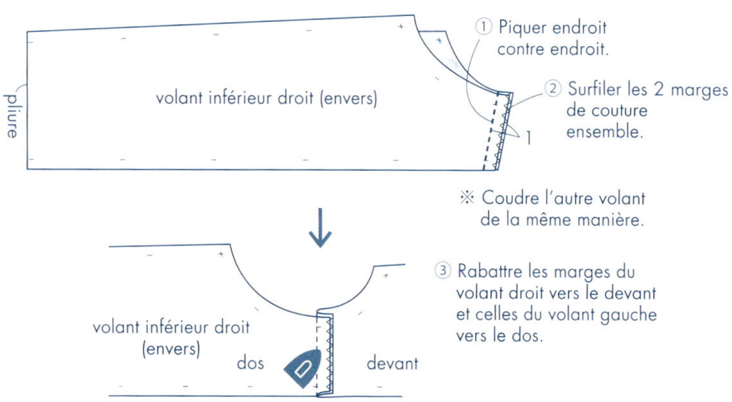

2 Ourler le bas.

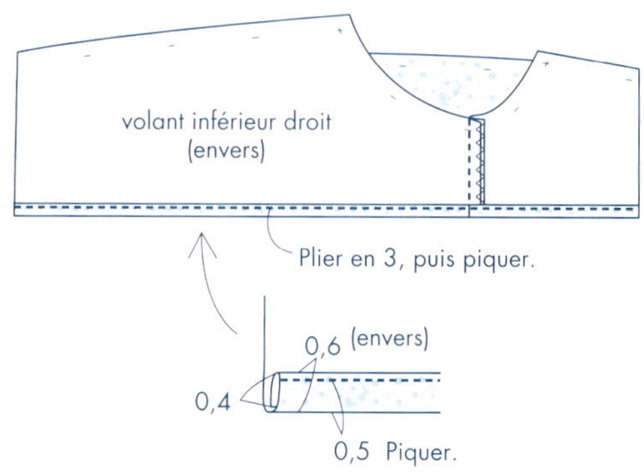

3 Froncer le volant inférieur.

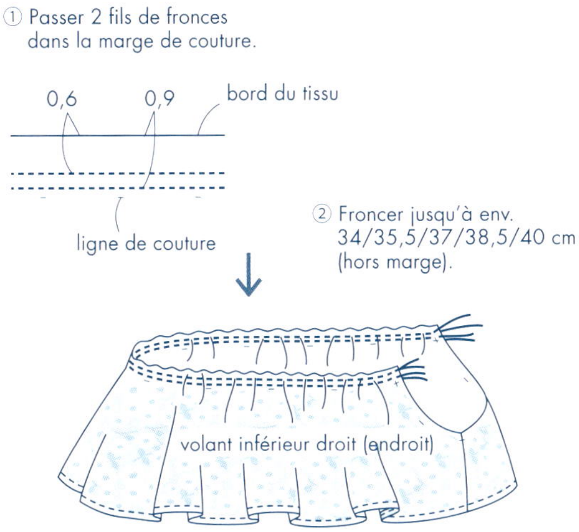

4 Assembler la ceinture et le volant inférieur.

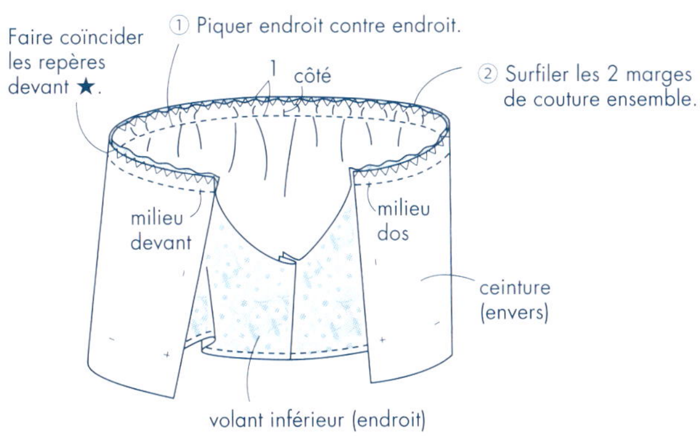

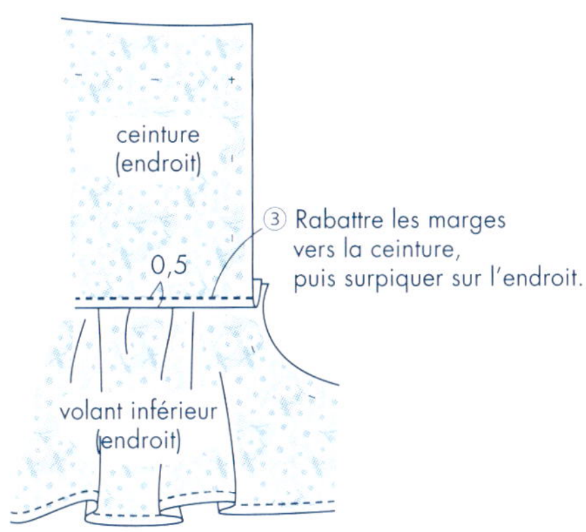

※ Coudre l'autre pièce de la même manière.

5 Piquer la fourche.

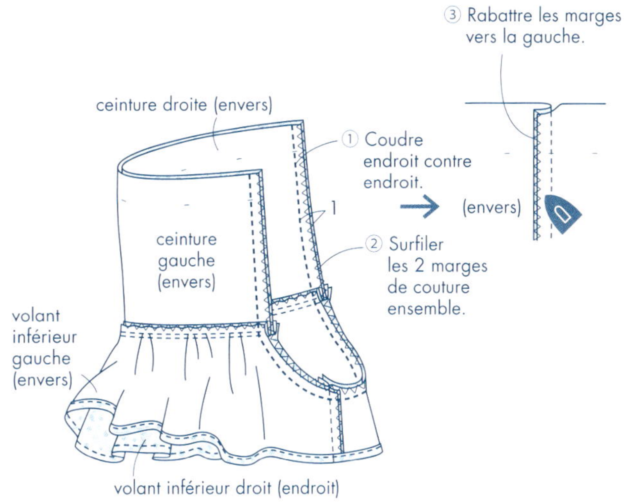

6 Coudre l'élastique en rond.

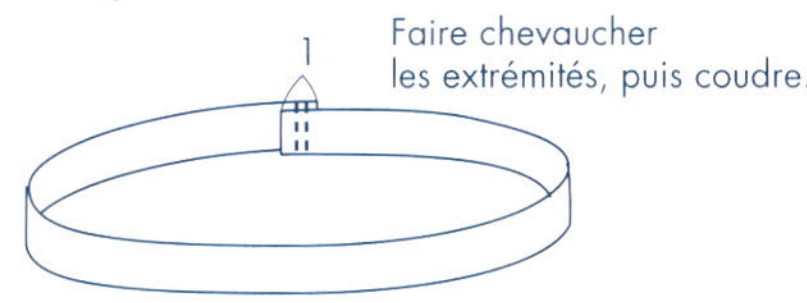

7 Coudre la taille.

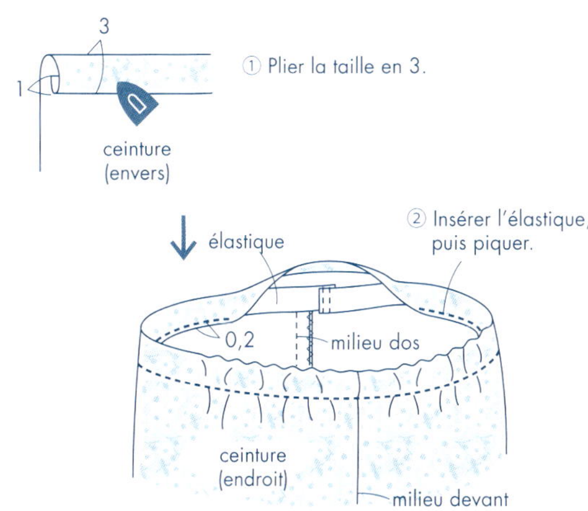

8 Coudre le bouton décoratif.

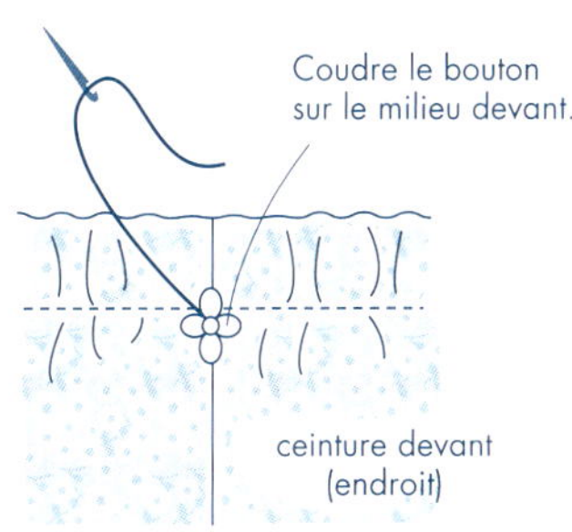

G-2 Jodhpur long

→ p. 29

Patrons : encart face C

Fournitures ※ Les mesures correspondent, de gauche à droite, aux tailles 90/100/110/120/130/140/150.

170 x 75/80/85/90/95/105/110 cm de jersey bouclette noir
30 x 92 cm de bord-côtes noir
44/46/48,5/51/54/56,5/59,5 cm d'élastique de 2 cm de large
※ Utiliser un fil et une aiguille adaptés au jersey.

Dimensions

Longueur : env. 56,5/60,5/67/71/78/85/91 cm

Réalisation ※ Voir p. 30 et 31 pour les étapes 2 à 7.

1. Coudre les poches.
2. Assembler le devant et l'empiècement dos.
3. Assembler le dos et la pièce devant/empiècement dos.
4. Piquer l'entrejambe.
5. Coudre la fourche.
6. Coudre la ceinture.
7. Coudre les revers.

Plans de coupe

Jersey bouclette

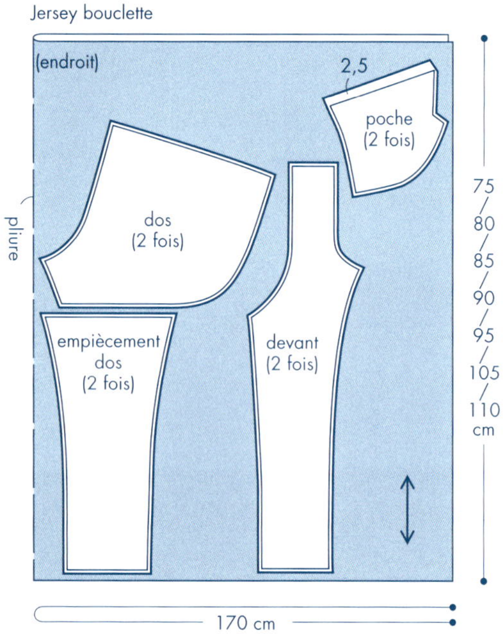

Bord-côtes

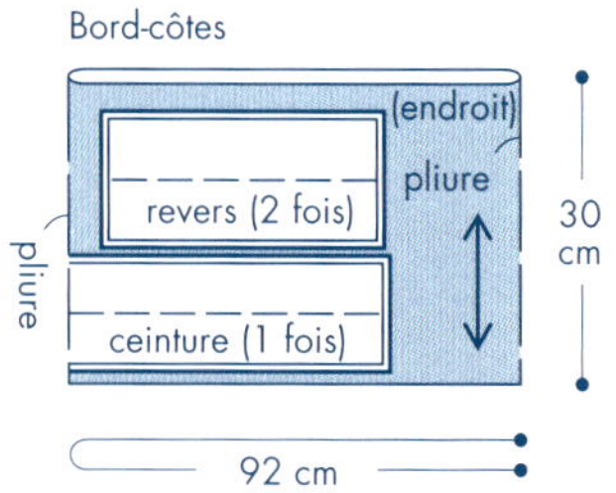

※ Les mesures correspondent, de haut en bas, aux tailles 90/100/110/120/130/140/150.
※ La marge de couture est de 1 cm sauf indication contraire.

Réalisation

1 Coudre les poches.

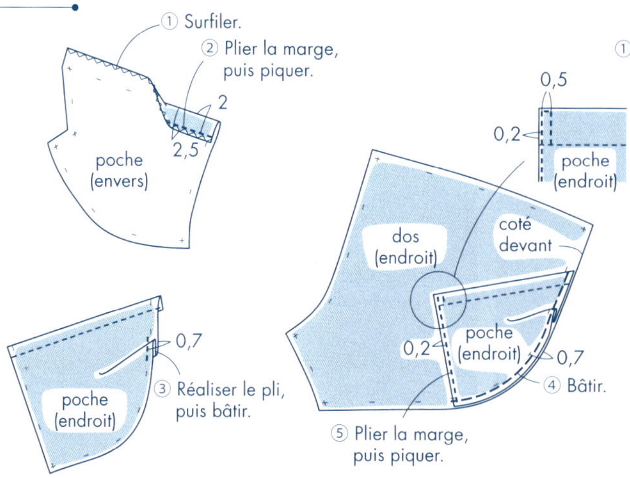

2 Assembler le devant et l'empiècement dos.

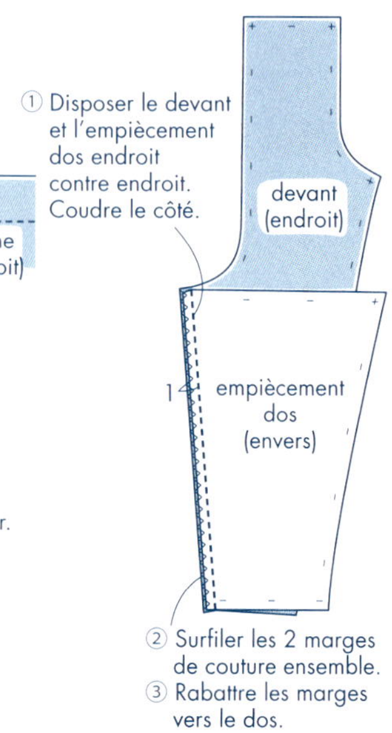

3 Assembler le dos et la pièce devant/empiècement dos.

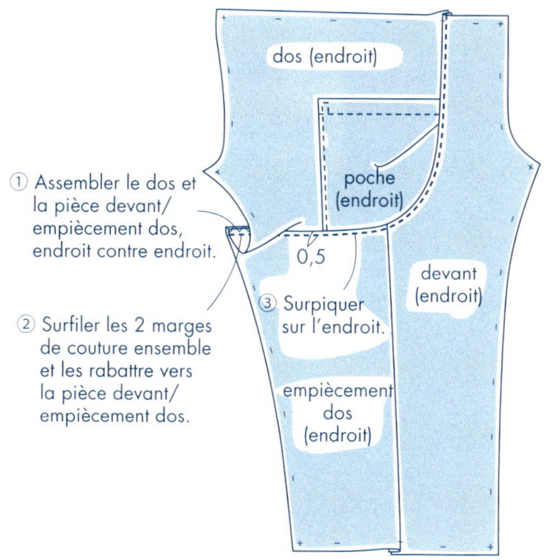

4 Piquer l'entrejambe.

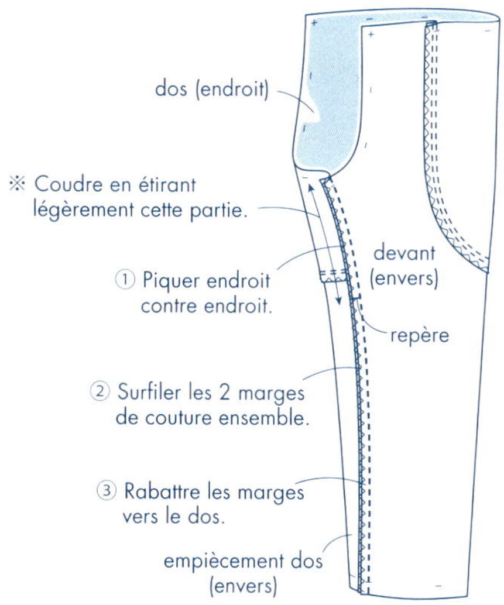

5 Coudre la fourche.

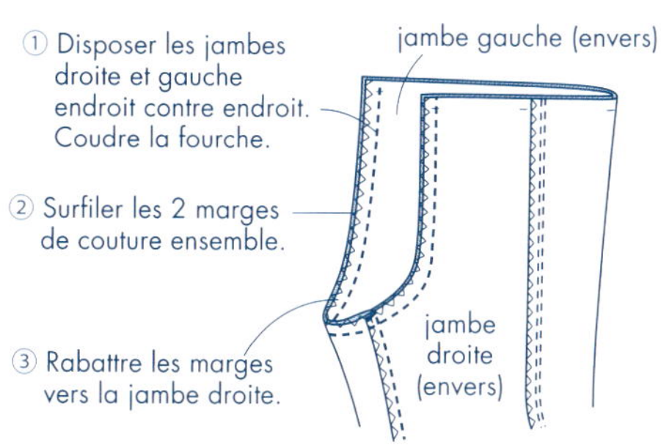

6 Coudre la ceinture.

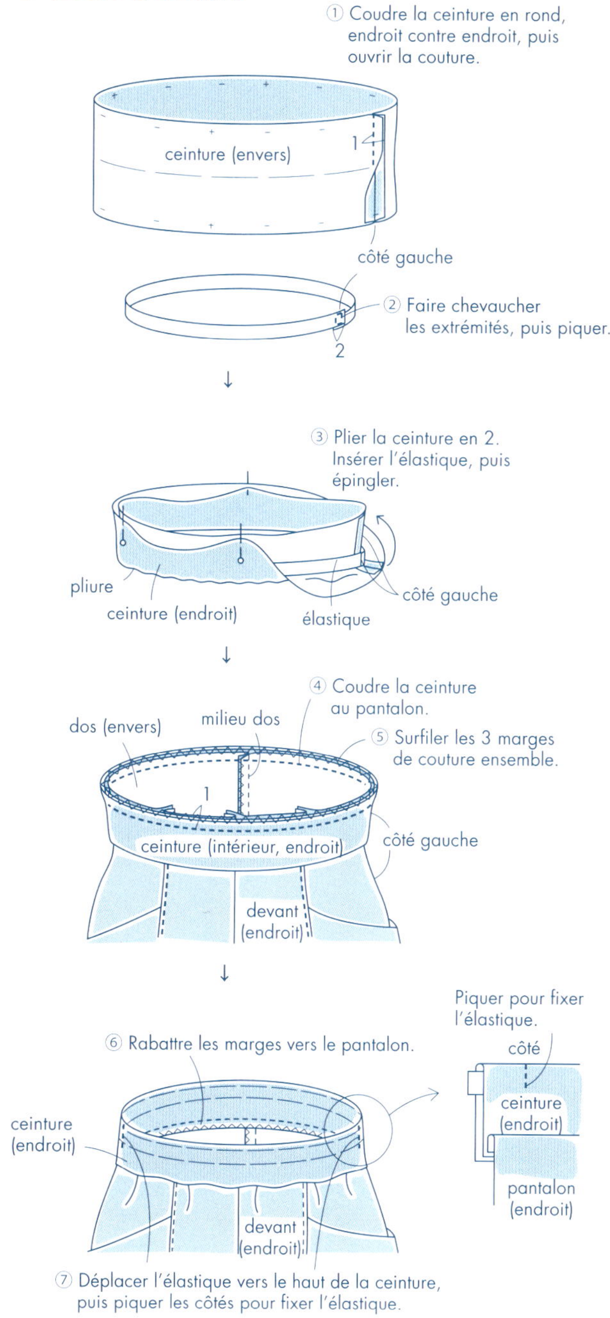

7 Coudre les revers.

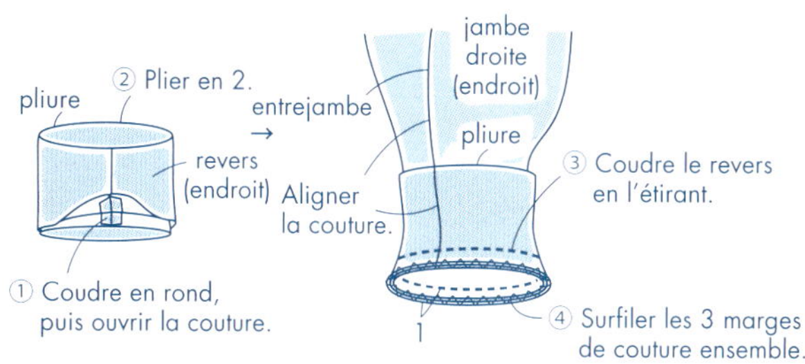

H-1,3 Pantalon cargo court/long

→ p. 32,34
Patrons : encart face D

Fournitures

※ Les mesures correspondent, de gauche à droite, aux tailles 90/100/110/120/130/140/150.

H-1
110 x 75/80/90/110/120/135/150 cm de coton gris
30 x 92 cm de bord-côtes gris
44/46/48,5/51/54/56,5/59,5 cm d'élastique de 0,6 cm de large (2 fois)

H-3
110 x 95/100/110/160/170/180/190 cm de denim bleu foncé
44/46/48,5/51/54/56,5/59,5 cm d'élastique de 0,6 cm de large (2 fois)

Dimensions

Longueur H-1 : env. 39,5/43,5/49,5/55,5/61,5/67,5/73,5 cm
Longueur H-3 : env. 53,5/57,5/63,5/69,5/75,5/81,5/87,5 cm

Réalisation

1. Réaliser les poches avant (voir p. 35-1).
2. Ourler le bas du devant.
3. Réaliser les rabats (voir p. 36-2).
4. Réaliser les poches latérales (voir p. 36-3).
5. Assembler le dos et l'empiècement dos (voir p. 36-4).
6. Coudre les revers au dos.
7. Assembler les côtés.
8. Coudre les poches et les rabats latéraux (voir p. 37-6).
9. Piquer l'entrejambe, puis la fourche (voir p. 37-7 et 8).
10. Coudre la ceinture (voir p. 37-9).
11. Insérer les élastiques.

Plans de coupe

H-1 Pantalon cargo court

Coton

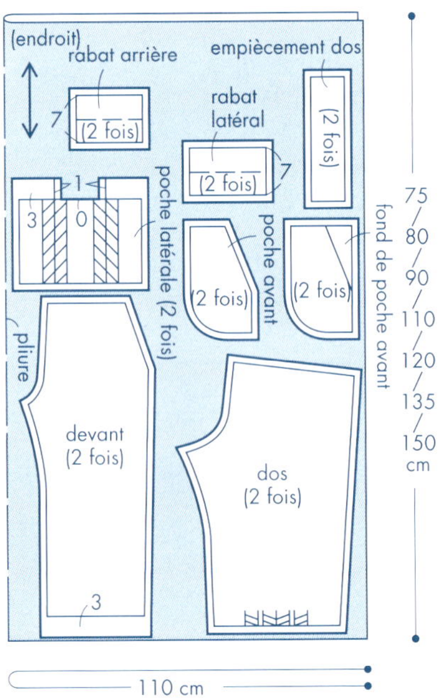

Bord-côtes

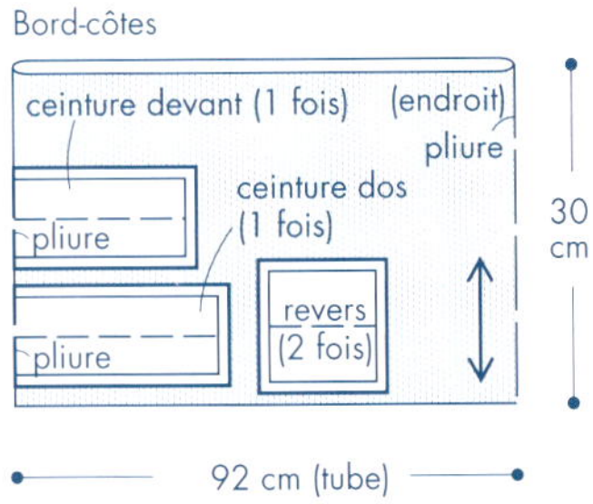

※ Les mesures correspondent, de haut en bas, aux tailles 90/100/110/120/130/140/150.
※ La marge de couture est de 1 cm sauf indication contraire.

Réalisation

Plan de coupe

H-3 Pantalon cargo long

Denim

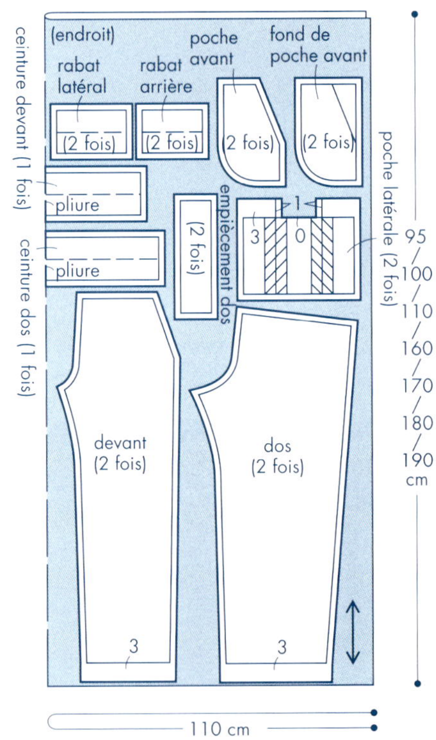

※ Les mesures correspondent, de haut en bas, aux tailles 90/100/110/120/130/140/150.
※ La marge de couture est de 1 cm sauf indication contraire.

1 Réaliser les poches avant (voir p. 35-1).

2 Ourler le bas du devant.

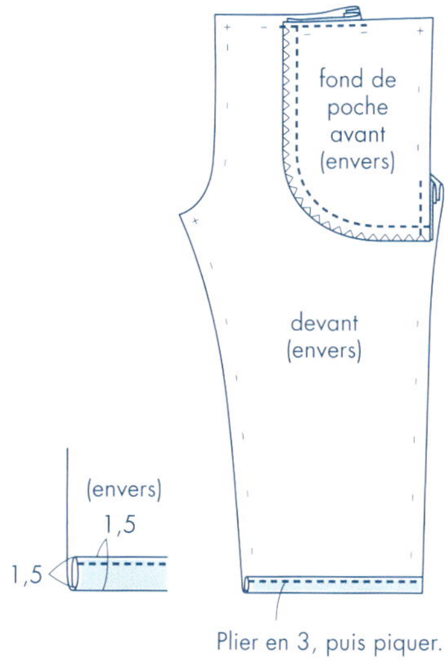

3 Réaliser les rabats (voir p. 36-2).

4 Réaliser les poches latérales (voir p. 36-3).

5 Assembler le dos et l'empiècement dos (voir p. 36-4).

6 Coudre les revers au dos.

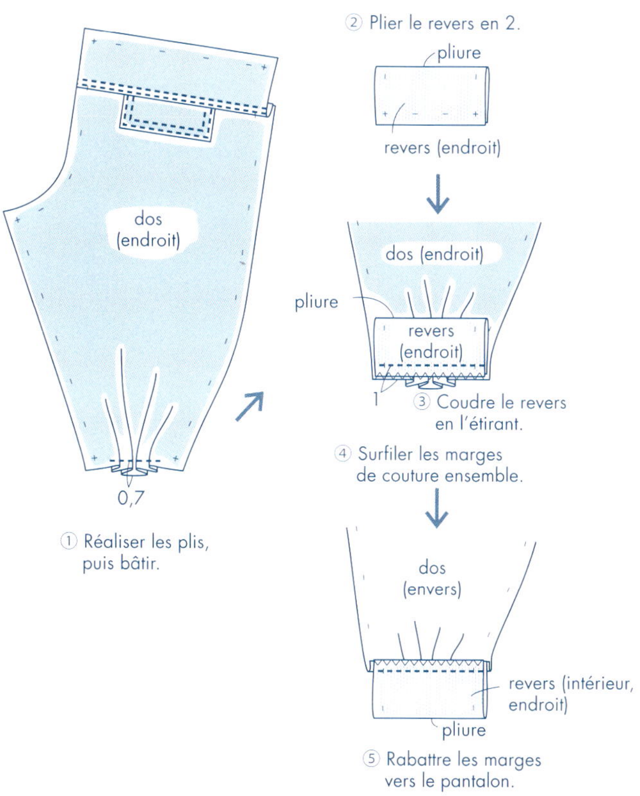

7 Assembler les côtés.

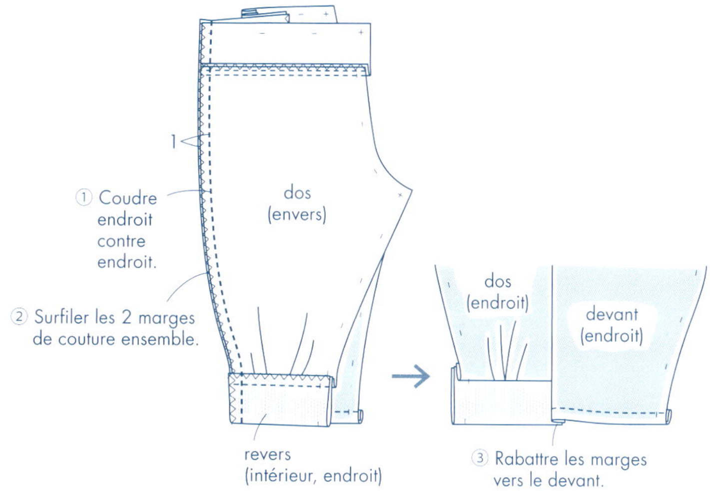

8 Coudre les poches et les rabats latéraux (voir p. 37-6).

9 Piquer l'entrejambe, puis la fourche (voir p. 37-7 et 8).

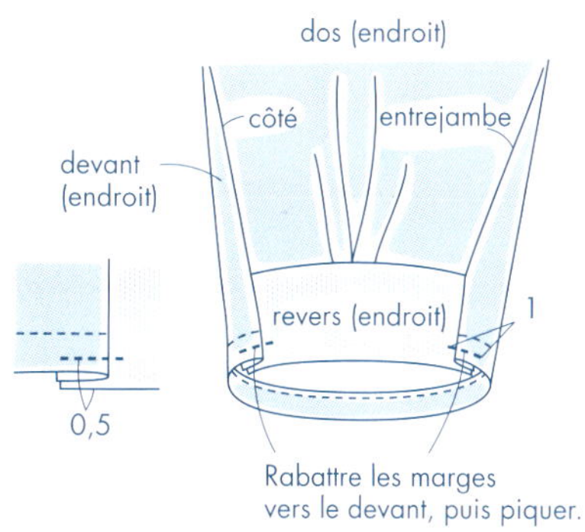

10 Coudre la ceinture (voir p. 37-9).

11 Insérer les élastiques.

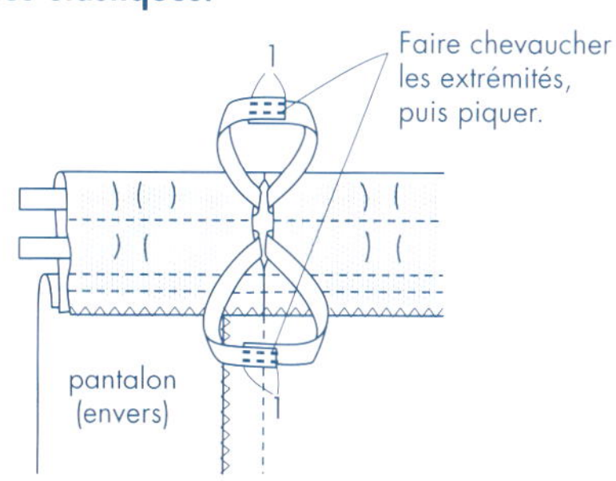

I-1 Short évasé avec poches

→ p. 38

Patrons : encart face C

Fournitures ※ Les mesures correspondent, de gauche à droite, aux tailles 90/100/110/120/130.

110 x 110/120/130/150/200 cm de coton bleu à fleurs
50 x 70 cm de jersey bouclette bleu
44/46/48,5/51/54 cm d'élastique de 2,5 cm de large

Dimensions

Longueur : 28,5/30,5/34/35,5/38 cm

Réalisation

1. Coudre les poches.
2. Assembler les côtés.
3. Piquer l'entrejambe.
4. Coudre la fourche.
5. Réaliser les rubans.
6. Assembler les rubans et la ceinture (voir p. 71).
7. Coudre la ceinture (voir p. 71).
8. Ourler le bas (voir p. 71).
9. Insérer l'élastique (voir p. 71).

Plans de coupe

Coton à fleurs

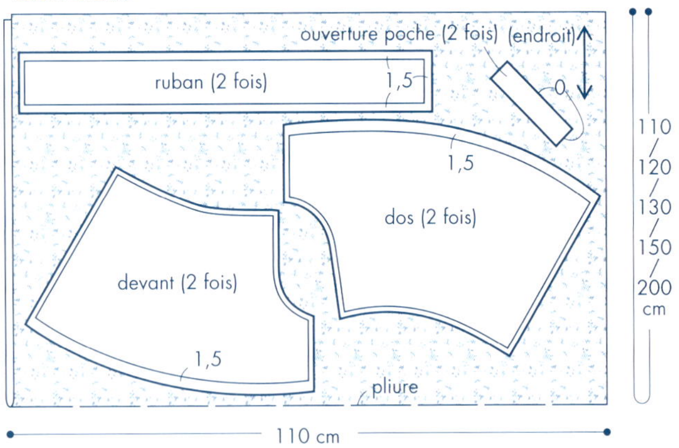

Jersey bouclette

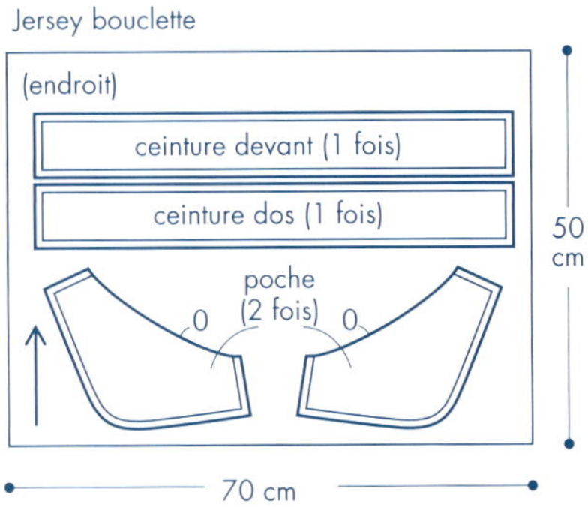

※ Les mesures correspondent, de haut en bas, aux tailles 90/100/110/120/130.
※ La marge de couture est de 1 cm sauf indication contraire.

Réalisation

1 Coudre les poches.

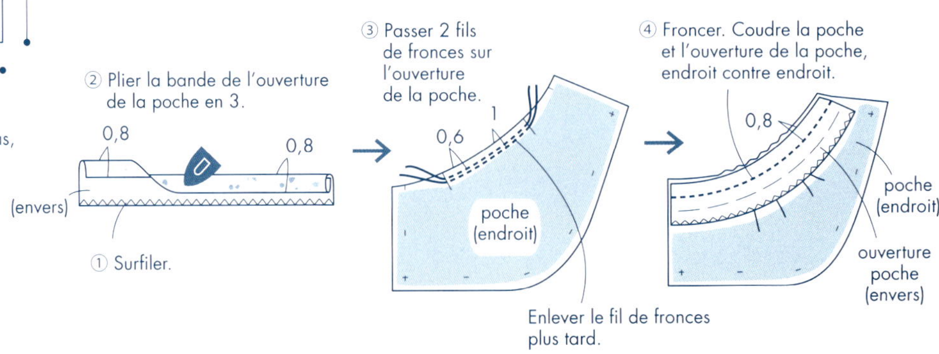

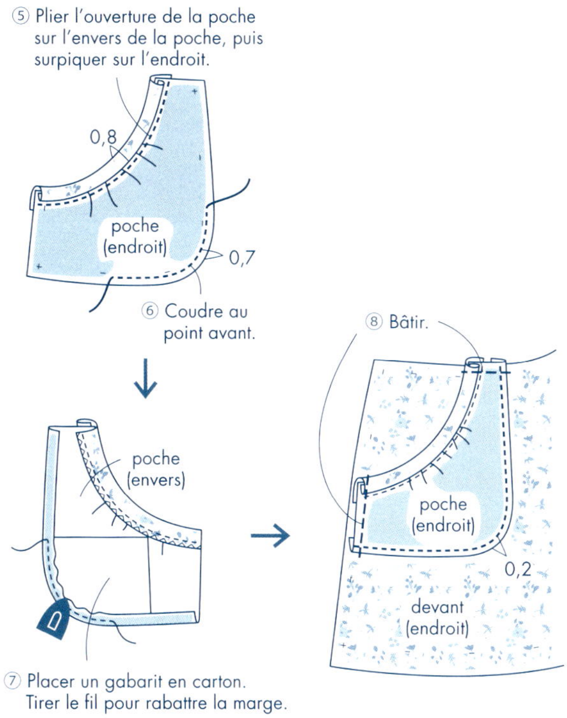

2 Assembler les côtés.

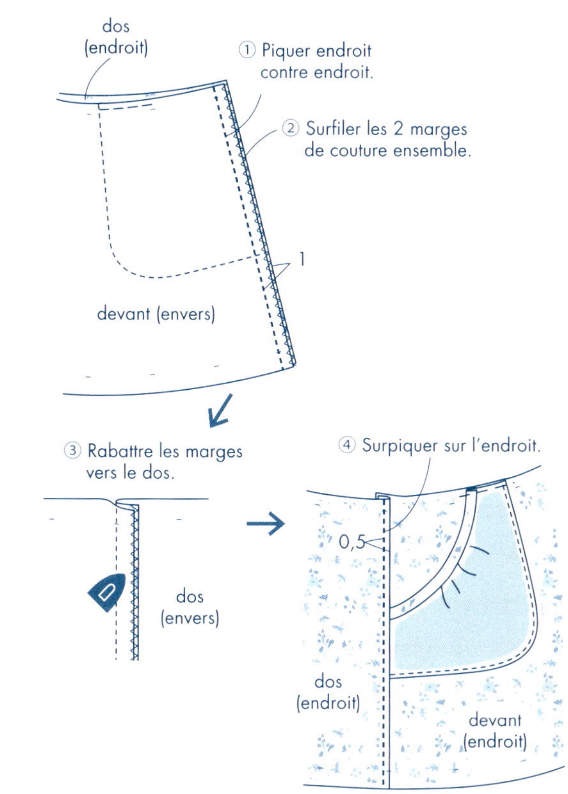

3 Piquer l'entrejambe.

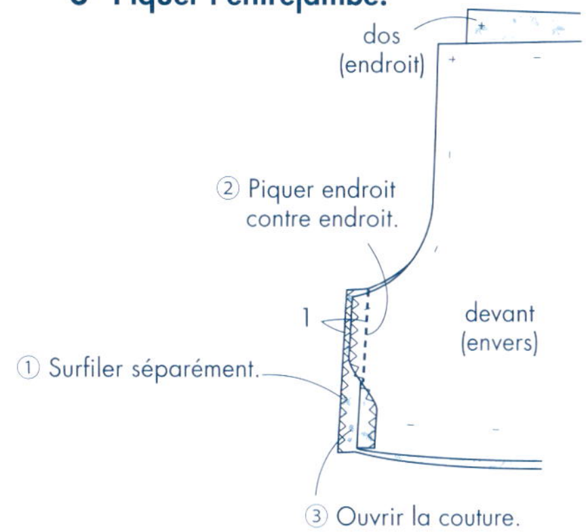

4 Coudre la fourche.

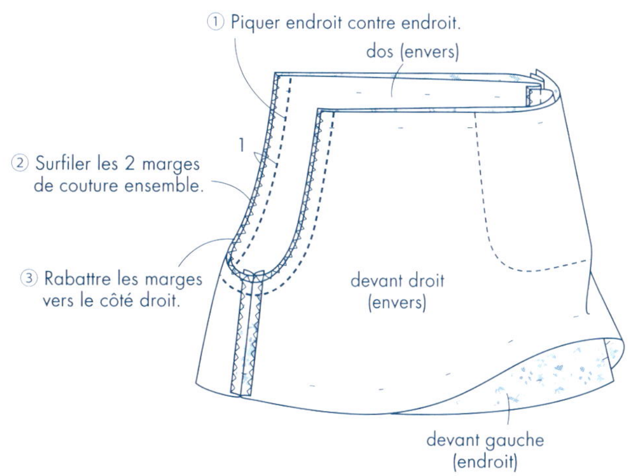

5 Réaliser les rubans.

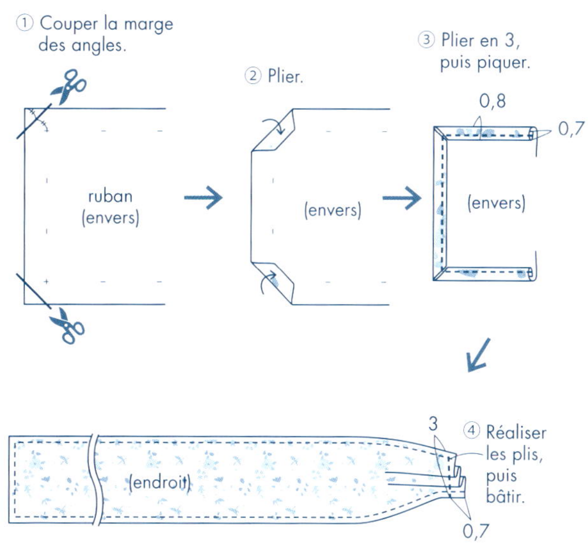

Voir p. 71 pour les étapes **6** à **9**.

I-2 Short évasé doublé d'organdi

→ p. 39

Patrons : encart face C

Fournitures ※ Les mesures correspondent, de gauche à droite, aux tailles 90/100/110/120/130.

110 x 130/140/150/170/220 cm de coton bleu clair à carreaux
120 x 75/75/80/85/90 cm d'organdi bleu clair
44/46/48,5/51/54 cm d'élastique de 2,5 cm de large

Dimensions

Longueur : 30,5/32,5/36/37,5/40 cm

Réalisation

1. Piquer l'entrejambe et les côtés.
2. Coudre la fourche (voir p. 69).
3. Réaliser la jupe.
4. Coudre la jupe et le short.
5. Réaliser les rubans (voir p. 69).
6. Assembler les rubans et la ceinture.
7. Coudre la ceinture au short.
8. Ourler le bas.
9. Insérer l'élastique.

Plans de coupe

Coton à carreaux

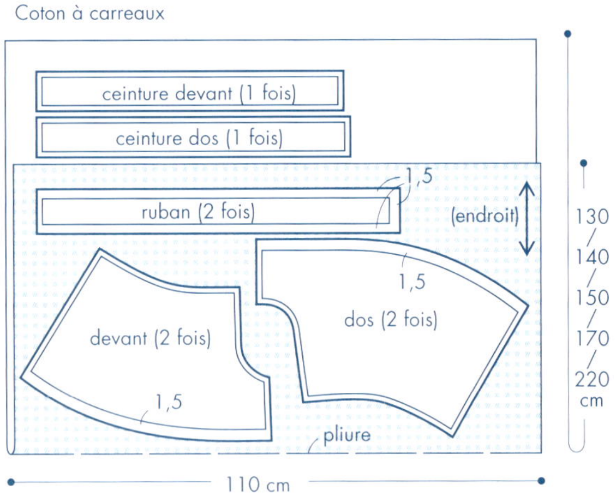

Organdi

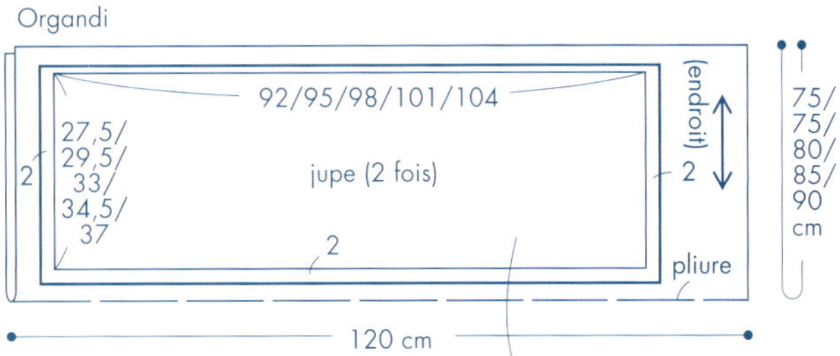

※ Tracer directement la jupe sur le tissu (il n'y a pas de patron dans l'encart).

※ Les mesures correspondent, de haut en bas, aux tailles 90/100/110/120/130.
※ La marge de couture est de 1 cm sauf indication contraire.

Réalisation

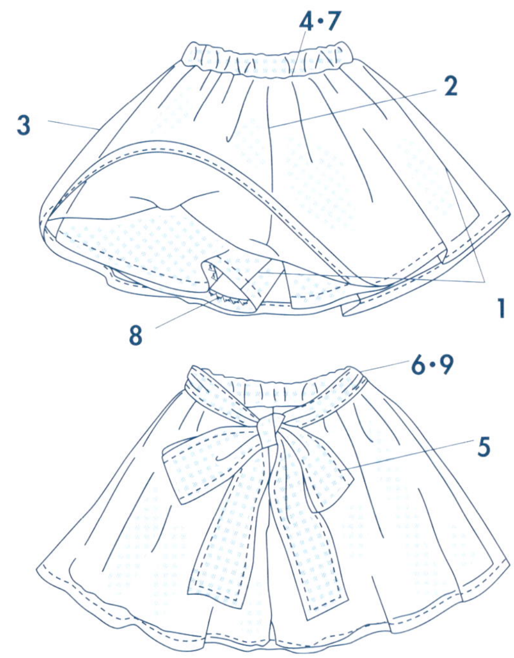

1 Piquer l'entrejambe et les côtés.

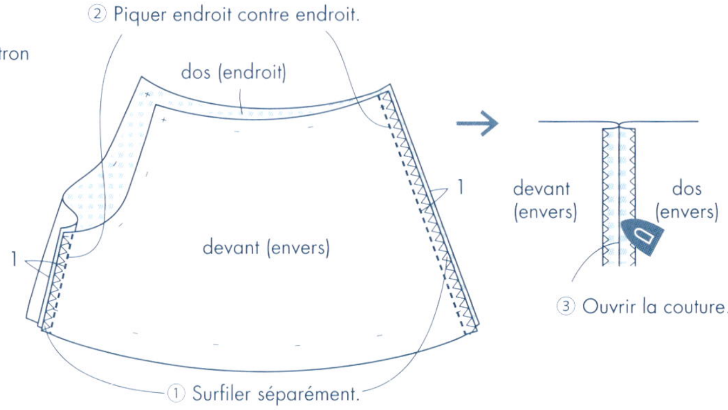

2 Coudre la fourche (voir p. 69).

3 Réaliser la jupe.

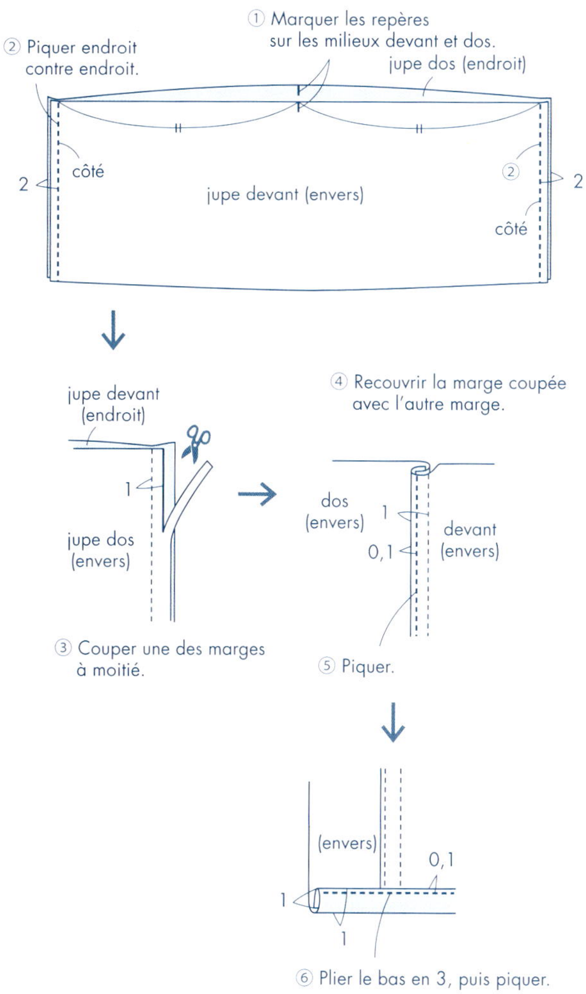

4 Coudre la jupe et le short.

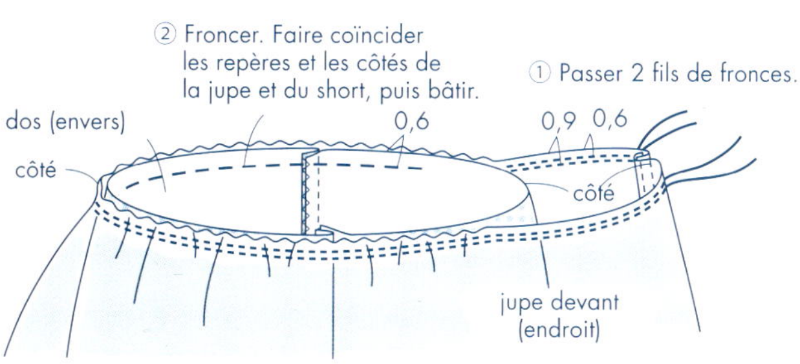

5 Réaliser les rubans (voir p. 69).

6 Assembler les rubans et la ceinture.

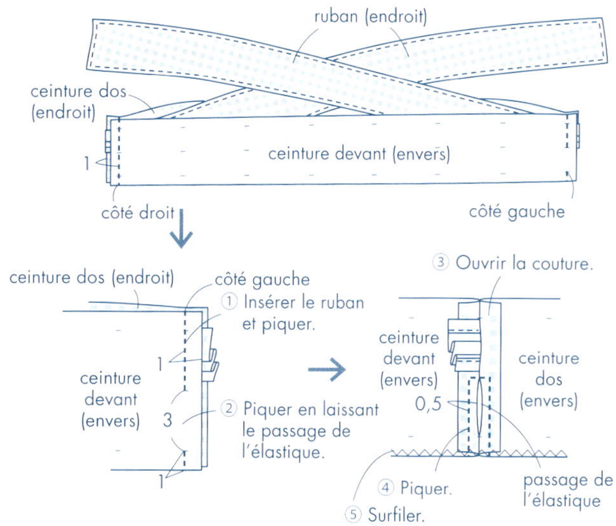

7 Coudre la ceinture au short.

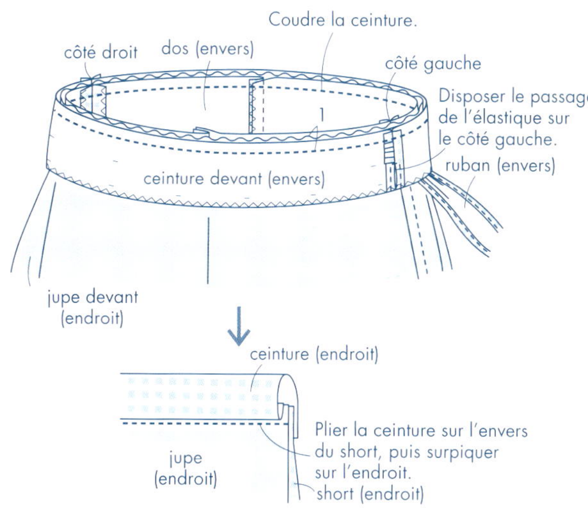

8 Ourler le bas.

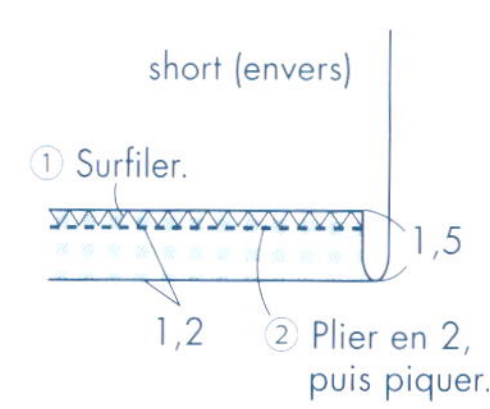

9 Insérer l'élastique.

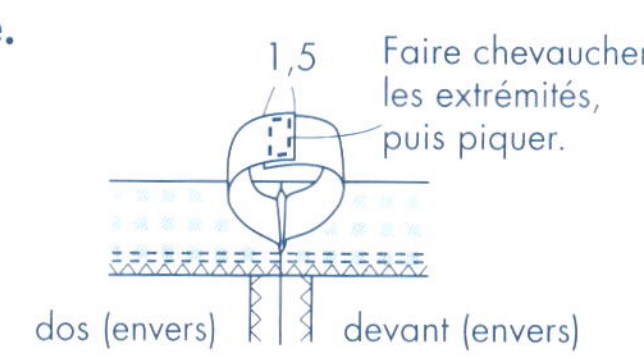

Créatrices

toco.	http://tukuru777.shop-pro.jp/
enanna	http://enanna.shop-pro.jp/
inori pattern	http://inorihandmade.com/
Sa-Rah	http://sa-rah.net/
COZY	http://www.rakuten.co.jp/zizicote/
Mahoe Anela	http://mahoeanela.com/
muni	http://muni-pattern.shop-pro.jp/
amie-poche	http://amie-poche.com/
Candy Floss	http://candyfloss.shop-pro.jp/

Fournisseurs

• Clover co., ltd.	http://www.clover.co.jp/
• Fujikyu co., ltd.	http://www.crafttown.jp/ http://www.shugale.com
• Rick Rack	http://rick-rack.com/
• Hibino nuno linenya	http://linenya.shop-pro.jp/
• SMILE	http://www.smilefabric.com
• Rgentan	http://www.rakuten.ne.jp/gold/rgentan/
• Merci co., ltd.	http://www.merci-fabric.co.jp/

Collaboration photographique

- hakka kids/HAKKA
- TINKERBELL
- AWABEES

Équipe

Mise en page : Taeko Oichi (Beeworks)
Photographie : Yukari Shirai (mannequins), Makiko Shimoe (explications)
Stylisme : Tomomi Enai
Coiffure & maquillage : ISHINO
Mannequins : Lottie J. (109 cm), Seth G. (114 cm)
Explications : Shikano Room
Patrons : Clayworks
Collaboration à la rédaction : Noriko Hachimonji
Rédaction : Mizuyo Saeki

les éditions de saxe
13, rue Jules Verne
CS 40205 - 69630 Chaponost
www.edisaxe.com

Traduction : Mari Kobatake-Ginet

Kawaii Kids no Teiban Pants (NV80483)

Publié pour la première fois au Japon par NIHON VOGUE CO., LTD., Tokyo
Traduction française en accord avec NIHON VOGUE CO., LTD.

Pantalons, shorts & Cie
pour enfants de 2 à 10 ans
JALI 196 - ISBN : 978-2-7565-2868-7
Impression R.P.C.
Dépôt légal : à parution